Os Criptoativos no Cibercrime

Os Criptoativos no Cibercrime

2024

João Almeida

ALMEDINA

OS CRIPTOATIVOS NO CIBERCRIME

AUTOR
João Almeida

EDITOR
EDIÇÕES ALMEDINA, S.A.
Avenida Emídio Navarro, 81, 3D
3000-151 Coimbra
Tel.: 239 851 904 · Fax: 239 851 901
www.almedina.net · editora@almedina.net

DESIGN DE CAPA
FBA.

PRÉ-IMPRESSÃO
EDIÇÕES ALMEDINA, S.A.

IMPRESSÃO E ACABAMENTO

Fevereiro, 2024

ISBN
978-989-40-1757-8

DEPÓSITO LEGAL

ALMEDINA | GRUPOALMEDINA

À minha filha Matilde

PREFÁCIO

"A presente dissertação versa sobre a utilização de criptoativos no cibercrime", consta como primeira frase do resumo da presente obra. E desde logo saltam à vista conceitos a que o jurista não está acostumado e que lhe podem causar desconforto. Mas a verdade é que termos como "criptoativos", "cibercrime", "*blockchain*", "carteiras virtuais" e "*distributed ledger technology*" entraram sub-repticiamente no jargão jurídico e dominam hoje algumas áreas do Direito, pelo que não podem ser ignorados e muito menos desconsiderados.

O jurista tem, pois, de se adaptar, de se tornar multifacetado e multidisciplinar, de ter a capacidade de demonstrar que as palavras não são mais do que isso – é o que lhes subjaz que o fascina. E os criptoativos pertencem a um mundo fascinante, que merece ser estudado, discutido e, também, desmistificado.

Esta dissertação tem esse potencial – o de desmistificar e ajudar a perceber e enquadrar nos institutos jurídicos competentes o cibercrime com recurso a criptoativos.

Aquilo a que hoje se convencionou chamar "criptoativo" já foi antes denominado "moeda virtual", exatamente porque os criptoativos se apresentaram ao público na sua vertente monetária, de um ativo digital, desmaterializado e descentralizado, que pretendia constituir-se como o meio de pagamento elegível para transações remotas, mas também físicas, assim se substituindo ao numerário e aos meios de pagamento eletrónicos disponibilizados pelas instituições financeiras ditas tradicionais. A promessa de algo que não era controlado por qualquer autoridade central, pública ou privada, e que podia ser gerado no computador de cada cidadão (fazendo a analogia com a mineração do ouro), era aliciante.

Mas não vingou. Os criptoativos não são, nem nunca foram, utilizados de forma generalizada como um substituto da moeda de banco central ou de banco comercial que conhecemos. São, sim, veículos de investimento, as mais das vezes especulativo, dada a sua potencial volatilidade.

A evidência que existe de utilização de criptoativos como meio de pagamento acaba por ser pontual, mas característica, por ser muitas vezes ilegal ou redundar em ilegalidade. Os criptoativos são usados como moeda, sim, mas frequentemente em transações com vista ao branqueamento de capitais e outras formas de crime financeiro, em que os intervenientes se fazem valer das suas especificidades:

o caráter descentralizado dificulta a rastreabilidade das transações; o anonimato dos utilizadores derivado das limitações dos procedimentos de *know your customer* dificulta a imputabilidade; o caráter desmaterializado e a utilização de tecnologia inovadora e de difícil compreensão dificultam a atividade dos aplicadores do Direito.

O autor faz o esforço de perceber e explicar a tecnologia que subjaz aos criptoativos – o "*distributed ledger technology*" – tarefa árdua e muitas vezes inglória, dada a tecnicidade. O jurista tornado informático tem de mergulhar no oceano de "hashes", "nodes" e "tokens" e emergir com um conhecimento robusto o suficiente para poder melhor compreender as utilizações ilícitas da tecnologia.

Em seguida, o autor fixa e contextualiza a taxonomia relacionada com os criptoativos, que desenvolve ao longo do texto. Leva-nos pela mão desde o *paper* de Satoshi Nakamoto que lançou a Bitcoin em 2008 e apresenta-nos as várias categorias de criptoativos através das quais hoje, 15 anos depois, classificamos os mais de 10.000 tipos de criptoativos desde então criados. Não foge à discussão sobre o caráter monetário dos criptoativos, afastando qualquer associação ao conceito de moeda em sentido jurídico.

Explicada a tecnologia e identificados os tipos de criptoativos, o autor evidencia casos concretos em que a utilização de criptoativos como "moeda de troca" facilitou transações ilícitas e a prossecução de atividade criminosa. Dedica-se especificamente ao branqueamento de capitais e ao *ransomware*, este último uma prática exclusiva do ambiente digital, muitas vezes associado à espionagem industrial. Os criminosos exigem um pagamento para desbloquear o acesso ao sistema e dados informáticos obtidos ilicitamente com recurso a técnicas de *phishing* e/ou engenharia social. Dadas as suas características em termos de anonimato e descentralização, as criptoativos são, tipicamente, o único meio de pagamento aceite neste contexto.

A obtenção de prova é uma das principais dificuldades dos aplicadores do Direito nestes casos. De facto, a atividade criminosa deste tipo é, por inerência, de largo espectro, transfronteiriça e anónima. Os aplicadores do Direito deverão estar preparados para lidar com a prova digital e mudar o foco: uma "apreensão" de criptoativos pode ter um significado diferente e exigir procedimentos distintos daqueles que, até aqui, as autoridades judiciárias e os órgãos de polícia criminal têm conhecido.

O ordenamento jurídico português parece estar preparado para fazer face aos desafios. A Lei do Cibercrime fornece ferramentas adequadas, nomeadamente, para a obtenção de prova em ambiente digital. Merece especial destaque a temática do acesso transfronteiriço a dados informáticos, não totalmente pacífica entre os autores, dada a possibilidade de conflito com o plano da soberania dos Estados. Independentemente da extensão dos poderes investigatórios do Estado, a cooperação internacional é aqui também decisiva para atingir resultados satisfatórios e mais rápidos.

Uma palavra para o papel das autoridades reguladoras e supervisoras. O Banco de Portugal é, desde 1 de setembro de 2020, a autoridade competente pelo registo e verificação do cumprimento dos requisitos aplicáveis em matéria de prevenção de Branqueamento de Capitais e Financiamento do Terrorismo (BC/FT), por parte das entidades que exerçam alguma das seguintes atividades com ativos virtuais: serviços de troca entre ativos virtuais e moedas fiduciárias ou entre um ou mais ativos virtuais; serviços de transferência de ativos virtuais; serviços de guarda ou guarda e administração de ativos virtuais ou de instrumentos que permitam controlar, deter, armazenar ou transferir esses ativos, incluindo chaves criptográficas privadas. A competência do Banco de Portugal neste domínio está circunscrita à prevenção do BC/FT, não se alargando a outros domínios, de natureza prudencial, comportamental ou outra.

Mas tudo vai mudar com o Regulamento relativo aos mercados de criptoativos – Regulamento (UE) 2023/1114 do Parlamento Europeu e do Conselho, de 31 de maio de 2023 – que estabelece um regime de autorização e supervisão prudencial e comportamental para a emissão de determinados tipos de criptoativos e para a prestação de serviços de criptoativos. Estas competências vão recair sobre uma ou mais autoridades de regulação em Portugal, também elas com necessidade de adaptação de recursos e especialização de conhecimentos, com vista a uma melhor aplicação do Direito já a partir de junho de 2024.

Muito haverá para dizer sobre o Regulamento, mas deixo apenas a nota de que a sua mera existência já quer dizer muito sobre o interesse (e preocupação) dos colegisladores sobre o tema. A experiência demonstrará os efeitos que a regulamentação teve nos mercados de criptoativos e se os mesmos foram, ou não, ao encontro dos desejos dos legisladores e reguladores.

Espero ter aguçado o interesse do leitor na obra que se segue, que é corajosa, na medida em que desbrava, de uma perspetiva jurídica, caminhos tecnologicamente obscuros e tenta trazer-lhes luz e clareza. O aplicador do Direito deve adaptar-se à realidade em movimento e, nos dias que correm, o termo "criptoativo" não pode ser um desconhecido da lei.

Rita Bairros

Coordenadora da Área de Regulação do
Departamento de Sistemas de Pagamentos
do Banco de Portugal

NOTA PRÉVIA E AGRADECIMENTOS

O estudo que agora se publica corresponde, essencialmente, à dissertação de mestrado do mestrado em Direito e Prática Jurídica, especialidade de Direito Penal, apresentada na Faculdade de Direito da Universidade de Lisboa, em dezembro de 2022, e discutida em provas públicas, no dia 10 de maio de 2023, perante um jurí constituído pelos Senhores Professores Doutores Miguel Fernando Pessanha Teixeira de Sousa (Presidente), Paulo Manuel Mello de Sousa Mendes (Orientador) e Francisco Lourenço Fonseca Mendes Correia (Arguente). Agradeço a todos a leitura crítica e a arguição, que foram um enorme contributo para melhorar o texto final.

Gostaria, também, de deixar um agradecimento especial à Dra. Rita Bairros por se ter disponibilizado para elaborar o prefácio da presente obra mas, principalmente, por me ter introduzido à temática dos sistemas de pagamentos durante o meu percurso no Banco de Portugal e pela forma como conseguiu, através da sua capacidade de comunicação e do seu enorme conhecimento, aguçar o meu interesse pelo tema, apesar de o mesmo ser extremamente técnico. Por isso tudo, o meu muito obrigado.

O presente texto foi revisto antes da sua publicação para proceder a ligeiras correções e atualizações legislativas e bibliográficas.

SIGLAS E ABREVIATURAS

AA.VV.	Vários autores
Al.	Alínea
Als.	Alíneas
CCiber	Convenção sobre o Cibercrime
Cf.	Confrontar, ver também, referir-se a
Cit., cits.	Citado, citada, cita-se; citação, citações
CP	Código Penal
CPP	Código de Processo Penal
CRP	Constituição da República Portuguesa
DLT Pilot Regime	Regulamento (UE) 2022/858 do Parlamento Europeu e do Conselho de 30 de maio de 2022 relativo a um regime-piloto para as infraestruturas de mercado baseadas na tecnologia de registo distribuído
Et al.	e outros
GAFI	Grupo de Acção Financeira Internacional
Infra	Abaixo
LC	Lei do cibercrime
MiCAR	Regulamento (UE) 2023/1114 do Parlamento Europeu e do Conselho de 31 de maio de 2023 relativo aos mercados de criptoativos

N.º, n.os	Número, números
Op. cit.	Da obra citada
P., pp.	Página, páginas
S., ss.	Seguinte, seguintes
Supra	Acima
Vol., Vols.,	Volume, Volumes

RESUMO

A presente dissertação versa sobre a utilização de criptoativos no cibercrime. Desde o surgimento da *bitcoin*, o primeiro meio de pagamento digital a permitir transações sem ser necessária a intervenção de uma autoridade central, resolvendo, também, o problema do *double-spending*, que assistimos a um aumento no interesse em processar transações eletrónicas sem a intervenção de uma autoridade central, o que levou à adoção de novos métodos de pagamentos digitais. Os criptoativos têm sido alvo de críticas por, alegadamente, serem facilitadores do crime financeiro, nomeadamente, do branqueamento de capitais. Contudo, as práticas criminosas à volta dos criptoativos não se cingem ao branqueamento de capitais, tendo um espectro muito mais abrangente. De facto, este ativo facilita a prática de outros crimes, que podem variar desde o *ransomware* ao tráfico de estupefacientes. A sua natureza anónima e descentralizada tornou-os num ativo de eleição para transações ilegais no mercado negro que, na maioria dos casos, não deixam rasto.

Neste contexto, pretendemos analisar se o quadro legal do ordenamento jurídico português permite responder aos desafios impostos por estes ativos, tendo em conta a sua natureza descentralizada, anónima e transnacional. De facto, à medida que a utilização e a confiança nas tecnologias da informação se tornam cada vez mais difundidas na sociedade, a exploração maliciosa dos sistemas informáticos também se tem tornado cada vez mais comum. As infrações relacionadas com computadores têm crescido rapidamente, tanto em número como em sofisticação, mas tem havido um atraso no desenvolvimento de medidas eficazes que permitam combater esta realidade.

Palavras-chave: criptoativos; blockchain; cibercrime; prova digital; carteiras virtuais, DLT; acesso transfronteiriço; branqueamento de capitais

ABSTRACT

This dissertation regards the use of cryptoassets in cybercrime. Since the emergence of bitcoin, the first digital payment method to allow transactions without the intervention of a central authority and solving the problem of double-spending, there has been an increased interest in processing electronic transactions without the intervention of a central authority, which has led to the adoption of new methods of digital payments. Cryptoassets have been criticized for allegedly facilitating financial crime, particularly money laundering. However, the criminal practices surrounding cryptoassets are not limited to money laundering but have a much broader spectrum. In fact, this asset facilitates the commission of other crimes, which can range from ransomware to drug trafficking. Their anonymous and decentralized nature has made them an asset of choice for illegal black-market transactions that, in most cases, leave no trace.

In this context, we intend to analyze whether the legal framework of the Portuguese legal system allows us to meet the challenges posed by these assets, given their decentralized, anonymous and transnational nature. In fact, as the use of and reliance on information technologies become more and more widespread in society, malicious exploitation of computer systems has also become increasingly common. Computer-related offenses have grown rapidly, both in number and sophistication, but there has been a delay in developing effective measures to combat this reality.

Key words: cryptoassets; blockchain; cybercrime; digital evidence; wallets; DLT; cross-border access; money laundering

INTRODUÇÃO

Os criptoativos têm sido alvo de grande destaque na última década. Desde a sua aparição que assistimos a um crescimento exponencial no mercado de criptoativos, que atingiu uma capitalização de mercado de 1 bilião de dólares em 2010 (apenas um ano após o lançamento da *bitcoin*) e os 3 triliões de dólares em 2021. Atualmente, existem mais de 10 000 tipos diferentes de criptoativos, no entanto, apesar de serem principalmente usados como um meio de troca, menos de 30 000 comerciantes globalmente aceitam pagamentos com criptoativos, crê-se que a maioria dos utilizadores utiliza este ativo como forma de investimento especulativo, ao invés de o utilizar como meio de pagamento. Não obstante a sua utilização lícita por parte de investidores, o seu uso é, frequentemente, associado à prática de factos ilícitos, isto deve-se, essencialmente, à sua natureza anónima e descentralizada o que os tornou num ativo de eleição para transações ilegais no mercado negro que, na maioria dos casos, não deixam rasto.

Desde o lançamento da *bitcoin*, os criptoativos têm sido alvo de críticas por, alegadamente, serem facilitadores do crime financeiro, nomeadamente, do branqueamento de capitais. Como veremos adiante, as práticas criminosas à volta dos criptoativos não se cingem ao branqueamento de capitais, tendo um espectro muito mais abrangente. De facto, este ativo facilita a prática de outros crimes, que podem variar desde o *ransomware* ao tráfico de estupefacientes.

Dada a confiança das sociedades nas tecnologias da informação e da comunicação, os juízes e procuradores devem estar preparados para lidar com a cibercriminalidade e a prova digital. Embora em muitos países, as autoridades responsáveis pela aplicação da lei tenham sido capazes de reforçar as suas capacidades para investigar o cibercrime e garantir a segurança da prova digital, tem havido menos atenção aos requisitos dos juízes e procuradores. A experiência sugere que na maioria dos casos, juízes e procuradores encontram dificuldades em lidar com as novas realidades do mundo cibernético. Assim, é necessário ter um entendimento compreensivo sobre o funcionamento do protocolo subjacente aos criptoativos para aferir sobre a relevância criminal dos factos imputados a um arguido. De facto, como veremos adiante, a forma de funcionamento desta tecnologia é um catalisador para a prática de atividades criminosas.

A questão de fundo deste tema prende-se com saber se o quadro legal do ordenamento jurídico português permite responder aos desafios impostos por estes ativos. Com efeito, e adiantando a nossa conclusão, entendemos que o ordenamento jurídico português está apto para lidar com esta nova realidade, pelo que o problema para combater o uso de criptoativos no cibercrime não se prende com a falta de mecanismos de controlo nem de legislação inadequada, mas sim do conhecimento do modo de funcionamento do protocolo.

Com efeito, na presente dissertação, tentaremos apresentar uma visão geral do funcionamento da estrutura que permite a operacionalização das transações, a *distributed ledger technology* que, em termos genéricos, consiste numa estrutura de dados distribuídos que permite a um *node* numa rede, partilhar e gravar informação num registo sincronizado, em diferentes locais aos mesmo tempo. A importância do conhecimento do funcionamento desta tecnologia pode estar diretamente relacionada com a (in)capacidade das autoridades judiciárias e órgãos de polícia criminal de identificarem a prática de atividades ilícitas num ambiente tecnológico descentralizado e, teoricamente, anónimo, assim como a posterior obtenção de prova.

De seguida, abordaremos o tema dos criptoativos, onde iremos descrever as suas tipologias e a forma de transacionar na *blockchain*. Posteriormente, analisaremos a sua utilização na prática de atividades ilícitas, nomeadamente, no branqueamento de capitais e no *ransomware*. Analisaremos as formas de obtenção de prova nos crimes relacionados com criptoativos, onde passaremos pela sua deteção e apreensão, bem como os meios de obtenção de prova na Lei do Cibercrime portuguesa.

Por fim, faremos uma pequena excursão sobre a problemática do acesso, de forma unilateral e sem recurso a mecanismos de cooperação judiciária internacional, a dados armazenados em sistemas informáticos localizados no estrangeiro, relembramos o leitor que existe uma divergência doutrinária sobre o disposto no n.º 5 do artigo 15.º da Lei do Cibercrime. Por um lado, existem autores que defendem que o disposto nesta norma permite que a pesquisa de dados informáticos se estenda para fora do território nacional sem necessidade de se recorrer a mecanismos de cooperação judiciária internacional e, por outro, quem defenda que o disposto no n.º 5 do artigo 15.º da Lei do Cibercrime deve ser interpretado à luz da Convenção sobre o Cibercrime, mais concretamente, do artigo 19.º, que cinge essa pesquisa de dados informáticos ao território nacional. Neste contexto, adiantamos também a nossa posição, que acompanha os autores que defendem que o disposto no n.º 5 do artigo 15.º da Lei do Cibercrime deve ser interpretado de forma restritiva e à luz da Convenção sobre o Cibercrime.

ÍNDICE GERAL

CAPÍTULO PRIMEIRO
DISTRIBUTED LEDGER TECHNOLOGY

1. Noções Gerais

Distributed ledger technology (DLT)[1] é, em termos simples, uma estrutura de dados distribuídos que permite a um *node* [2]numa rede, partilhar e gravar informação num registo sincronizado, em diferentes locais ao mesmo tempo. Os dados são validados e mantidos pelos múltiplos participantes dentro da estrutura (após chegarem a um consenso sobre a

[1] Nos termos do disposto no n.º 1 do artigo 2.º do DLT Pilot Regime, uma DLT é *"uma tecnologia que permite o funcionamento e a utilização de registos distribuídos"*.

[2] Nos termos do disposto no n.º 4 do artigo 2.º do DLT Pilot Regime, um *node* consiste num *"dispositivo ou processo que faz parte de uma rede e que detém uma réplica total ou parcial de registos de todas as transações num registo distribuído"*.

validade dos registos)[3], ao invés de uma única entidade, como acontece nos sistemas de registo tradicionais, onde os dados são centralizados[4]. Um mecanismo de consenso[5] é, normalmente, uma parte integrante de uma DLT e consiste no processo pelo qual os *nodes* numa rede concordam com o estado da *ledger*, garantindo, desta forma, a fiabilidade da estrutura, validando os dados que a integram.

Apesar de os termos "DLT" e *"Blockchain"* serem frequentemente utilizados de forma indistinta na literatura, existem diferenças entre ambos que devem ser salientadas. Uma *blockchain* é apenas um modelo de DLT onde os dados podem ser armazenados num formato específico. Existem outros tipos de DLT[6] onde os dados são armazenados em formatos diferentes. De facto, quando um registo *(ledger)*, é distribuído através de uma rede pode ser denominado de *Distributed Ledger*[7], daí o termo DLT, que representa

[3] Cf. CORREIA, Francisco Mendes *"A tecnologia descentralizada de registo de dados (Blockchain) no sector financeiro"*, in Fintech: Desafios da Tecnologia Financeira, Almedina, 2019.

[4] Cf. ECB Occasional Paper 172, "Distributed ledger technologies in securities post-trading", 2016, p. 8; BIS Working Papers No 924, "Distributed ledgers and the governance of money", 2021, p. 2.

[5] Nos termos do disposto no n.º 3 do artigo 2.º do DLT Pilot Regime, um mecanismo de consenso consiste em *"regras e procedimentos através dos quais se chega a acordo, entre os nós da rede DLT, em como uma transação é válida"*.

[6] Exemplos de outros tipos de DLT são o *Tangle* e o *Hashgraph*.

[7] Nos termos do disposto no n.º 2 do artigo 2.º do DLT Pilot Regime, uma *Distributed Ledger* é *"um repositório de informações que mantém registos*

assim um conceito muito mais abrangente do que o que poderá representar uma qualquer tipologia específica de DLT, como será o exemplo da *Blockchain*.

Em 2008, a combinação de um conjunto de tecnologias existentes (*Distributed Ledger*, encriptação de chaves-públicas, *hashing* e mecanismos de consenso) deu origem ao criptoativo descentralizado conhecido como *Bitcoin*, introduzido por Satoshi Nakamoto[8]. Neste contexto, a importância da *Bitcoin* reside na sua estrutura tecnológica, uma vez que materializa a primeira utilização da DLT mais conhecida, a *Blockchain*[9].

De facto, e uma vez que a *Bitcoin* foi a primeira aplicação da *Blockchain*, os dois conceitos são algumas vezes confundidos, apesar de serem distintos. Como já deixámos explícito supra, uma *Blockchain* é um tipo de DLT, enquanto a *Bitcoin* é um criptoativo, ou seja, é "*uma representação digital de um valor ou de um direito que pode ser transferida e armazenada*

das transações e é partilhado através de um conjunto de nós da rede DLT e se encontra sincronizado entre os nós da rede DLT utilizando um mecanismo de consenso".

[8] Cf. NAKAMOTO, Satoshi, "*Bitcoin: A Peer-to-Peer Electronic Cash System*", 2008, acessível em: https://bitcoin.org/bitcoin.pdf (consultado a 8 de setembro de 2022).

[9] Cf. DUARTE, Diogo Guerreiro, "*An introduction to blockchain technology from a legal perspective and its tensions with the GDPR*", em Revista científica sobre *Cyberlaw* do Centro de Investigação Jurídica do Ciberespaço – CIJIC – da Faculdade de Direito da Universidade de Lisboa, edição n.º VIII – setembro de 2019.

eletronicamente, recorrendo à tecnologia de registo distribuído ou a outra tecnologia semelhante"[10].

Após esta breve introdução sobre o conceito e funcionamento de uma DLT, iremos, seguidamente, fazer uma análise detalhada sobre o modo de funcionamento da *Blockchain,* (atendendo a que é a DLT mais utilizada para transacionar criptoativos) uma vez que é "*do conhecimento das especificidades do funcionamento técnico do protocolo (...) que depende o juízo a formular quanto à própria relevância criminal dos factos imputados ao arguido"*[11].

2. Blockchain

Blockchains, são *Distributed Ledgers* onde as transações são criptograficamente assinadas e agrupadas em blocos. Cada bloco é criptograficamente ligado ao bloco anterior após validação. À medida que novos blocos são adicionados, os blocos mais antigos tornam-se mais difíceis de modificar (criando resistência à manipulação). Os novos blocos são replicados através de cópias do *ledger* dentro da rede, e quaisquer conflitos são resolvidos automaticamente utilizando regras estabelecidas.

[10] Iremos a adotar a definição de criptoativo contida no MiCAR.

[11] Cf. RAMALHO, David Silva, IGREJAS MATOS, Nuno, *"Branqueamento e Bitcoin: uma introdução"*, em Revista do Ministério Público 162: abril: junho 2020, p. 78.

Apesar da autoria da criação da *Blochchain* ser atribuída a Satoshi Nakamoto[12], começamos por salientar que, antes da publicação de "*Bitcoin: A Peer-to-Peer Electronic Cash System*", em 2008, que deu origem à *Bitcoin*, todos os componentes tecnológicos que a caracterizavam já tinham sido desenvolvidos.

De um ponto de vista histórico, a tecnologia tem a sua origem nos anos 70, nas elaborações de Ralph C. Merkle, que propôs a *Merkle Tree*. Uma *Merkle Tree* ou *Hash Tree*, é um instrumento fundamental presente em esquemas sofisticados de autenticação que, em termos básicos, autentica uma série de blocos num ficheiro. O *Hashing* começou a ser utilizado nos anos 50 para assinaturas digitais, segurança da informação, entre outras aplicações. Mais tarde, Leslie Lamport propôs o uso de *Hash Chain* como forma de tornar os *log in* mais seguros, esta tecnologia consiste na aplicação sucessiva de funções *Hash* a um conjunto de dados[13]. O *e-cash* foi o primeiro criptoativo de que existe conhecimento, apresentado pelo criptógrafo David Chaum em 1983[14] e desenvolvido pela DigiCash em 1990. Em 1994, Neil Haller apresenta um artigo propondo uma evolução ao conceito de

[12] Pseudónimo de uma pessoa ou comunidade de pessoas.

[13] Cf. LAMPORT, Leslie, *"Password Authentication with Insecure Communication"*, In: Communications of the ACM, 1981, pp. 770-772.

[14] Cf. CHAUM, David, *"Blind Signatures for Untraceable Payments."* In: Chaum, D., Rivest, R.L., Sherman, A.T. (eds) Advances in Cryptology. Springer, Boston, MA, 1983.

Hash Chain[15], mas, efetivamente, a primeira proposta para um criptoativo baseado na tecnologia *Blockchain* só surgiu com o *whitepaper* de Satoshi Nakamoto, sendo o primeiro meio de pagamento digital a permitir a concretização de transações sem ser necessária a intervenção de uma autoridade central[16], eliminado ainda o problema do *double-spending*[17].

3. Categorização

3.1 Mecanismos de consenso

O primeiro componente principal identificado numa *Blockchain,* é o mecanismo de consenso. Este relaciona-se com o conjunto de regras que permitem a manutenção e a atualização da *ledger* e garante a fiabilidade dos dados nela presente. Os mecanismos de consenso variam em diferentes *blockchains,* sendo que cada um deles tem vantagens e desvantagens tendo em conta as suas características. O conjunto de regras que compõem a estrutura do processo de validação

[15] Cf. HALLER, Neil, *"The S/KEY one-time password system."* In: RFC 1760, February 1995.

[16] Cf. DUARTE, *op. cit.,* 2019.

[17] O "*double-spending problem*" advém do facto de os criptoativos não terem uma representação física, como as moedas e as notas, apenas têm uma representação digital. Como tal, o ato de gastar um criptoativo não remove os dados do seu titular originário e permite a reutilização desse mesmo ativo de forma reiterada.

são o que determinam a forma como os problemas de segurança são ultrapassados[18]. Podemos, ainda, dividir o componente mecanismo de consenso em quatro subcomponentes, nomeadamente: topologia da rede de consenso; consenso de imutabilidade e tolerância a falhas; *gossiping* e acordo de consenso[19].

A topologia da rede de consenso caracteriza o tipo de interconexão entre os *nodes* e o tipo de fluxo de informação entres estes. Neste contexto, existem três configurações possíveis, a saber:

- **Descentralizada** – O processo de validação neste tipo de configuração é descentralizado através de *miners*[20] e *nodes* que, ligados entre si de forma aleatória, validam as transações dentro da rede. Esta é a configuração mais comum e a proposta por Satoshi Nakamoto;

- **Hierárquica/Consórcio** – Neste tipo de implementação, o processo de validação difere do modelo anterior porque nem todos os *nodes*

[18] Cf. TASCA, Paolo, TESSONE, Claudio J. *"A Taxonomy of Blockchain Technologies: Principles of Identification and Classification"*, in LEDGER VOL 4 1-39, 2019. p. 5.

[19] Cf. TASCA, TESSONE, *op. cit.*, 2019, p. 7.

[20] Os *miners* fornecem o poder computacional necessário para validar transações e incluí-las no próximo bloco de transações em cadeia, este termo é normalmente utilizado em mecanismos de consenso baseados em *proof-of-work*, no caso de *proof-of-stake* o termo utilizado é *forgers*, Cf. ESMA, *"ADVICE Initial Coin Offerings and Crypto-Assets"*, 2019, p. 10.

desempenham a mesma função. De facto, esta tipologia de rede permite que apenas alguns *nodes* possam validar as transações, é usualmente utilizada quando várias empresas operam na mesma indústria e necessitam de uma única plataforma para efetuar transações ou transmitir informação. Os *nodes* que validam as transações neste tipo de protocolos, são previamente conhecidos e definidos na criação da *blockchain*[21];

- **Centralizada** – Este tipo de configuração é utilizado quando existe a necessidade de uma entidade central que valide todas as transações. Comummente associada a *Central Bank Digital Currencies (CBDC's)*[22], esta implementação, à semelhança do que acontece no sistema financeiro tradicional, é criada à volta de um *node/master node*, que lida com todo o processamento e armazenamento de dados que os outros utilizadores não conseguem aceder. Assim, nesta rede consenso, uma autoridade

[21] *Ibidem*, p. 7; DIB, Omar, BROUSMICHE, Kei-Leo, DURAND, Antoine, THEA, Eric, HAMIDA, Elyes Ben, *"Consortium Blockchains: Overview, Applications and Challenges"* in International Journal on Advances in Telecommunications, vol 11 no 1 & 2, 2018, p. 53.

[22] CBDCs podem ser definidas como uma forma de dinheiro digital, denominadas na unidade de conta nacional. Podem ser usadas por instituições financeiras (*Wholesale CBDC*) ou pelo público em geral (*Retail CBDC*), in BIS Working Papers No 976, *"CBDCs: motives, economic implications and the research Frontier"*, 2021, p. 3.

central toma as decisões unilateralmente e garante a consistência da *ledger*[23].

O segundo subcomponente do mecanismo de consenso, o consenso de imutabilidade e tolerância a falhas, refere-se a três temas relacionados entre si: defeitos, erros e falhas[24]. Um sistema *blockchain* precisa de um mecanismo de consenso eficiente para assegurar que cada *node* mantém a sua versão original do histórico de transações. Nos últimos anos a evolução das tecnologias *blockchain* têm sido acompanhadas pelo desenvolvimento de diferentes mecanismos que permitem manter a *ledger* fiável, válida e segura. Assim, até ao momento os *layouts* mais utilizados para o consenso de imutabilidade e tolerância a falhas são:

Proof-of-Work (PoW) – PoW é o *layout* mais utilizado para garantir a imutabilidade dos registos das transações. A validação das transações é efetuada por *miners* através da resolução de funções criptográficas para produzir novos blocos, num processo conhecido como *mining* (ver Figura 1).

[23] Cf. TASCA, TESSONE, *op. cit.*, 2019, p. 7; International Monetary Fund, FINTECH NOTE, "Blockchain Consensus Mechanisms: A Primer for Supervisors", 2022, p. 5.

[24] Para um desenvolvimento aprofundado sobre este tema ver: DRISCOLL, Kevin, HALL, Brendan, SIVENCRONA, Håkan, ZUMSTEG, Phil *"Byzantine Fault Tolerance, from Theory to Reality"*, 2003; CASTRO, Miguel, LISKOV, Barbara *"Practical Byzantine Fault Tolerance"*, 1999.

Figura 1 – Exemplo de mineração de novos blocos[25]

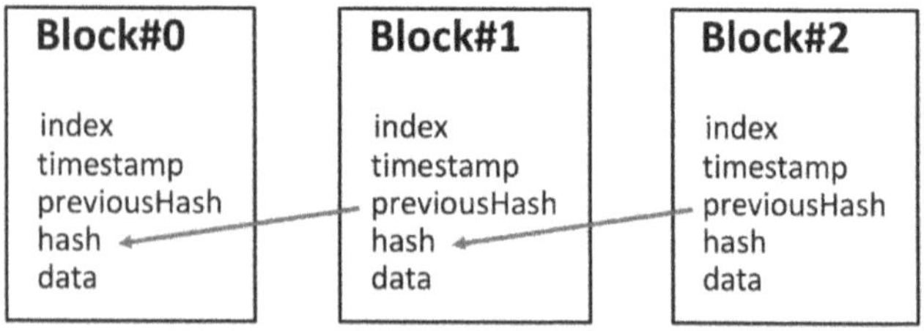

A probabilidade de um *miner* minerar um novo bloco depende do *ratio* entre o poder computacional que empenha para desempenhar a tarefa e o poder computacional de todos os *miners* na rede. No caso específico da *Bitcoin*, a complexidade da função criptográfica é ajustada para garantir que um novo bloco seja produzido a cada 10 minutos[26]. Apesar de as funções criptográficas serem de difícil resolução, a verificação por parte da rede é simples.

Um dos pontos negativos deste tipo de *layout* é que os cálculos utilizados para a resolução destas funções criptográficas são feitos com recurso a força bruta (*Brute Force Calculation*), ou seja, um *miner* tenta todas as combinações possíveis até encontrar a solução da função. Para tentar compreender este conceito, imaginemos um cadeado com 10 posições numeradas de 0 a 9, para tentar descobrir qual o número que

[25] Acessível em: https://academy.bit2me.com/en/types-of-blocks-in-blockchain/ (consultado a 12 de setembro de 2022).

[26] Cf. TASCA, TESSONE, *op. cit.*, 2019 p. 10; International Monetary Fund, *op. cit.*, 2022, pp. 8 a 9.

abre este cadeado com recurso a *Brute Force Calculation*, poríamos o cadeado na posição 0 e faríamos força para ver se este abre, caso tal não acontecesse, poríamos na posição 1 e tentaríamos novamente, repetiríamos o processo até encontrarmos a posição que permitisse abrir o cadeado[27]. Neste caso, temos 1 em 10 hipóteses de acertar à primeira, o que em média se traduz na possibilidade de acertar à quinta tentativa. Voltando ao caso específico do PoW, os *miners* devem encontrar a solução de uma função *hash* (mais concretamente, SHA-256) que, ao invés de 10 posições numeradas como o nosso cadeado, contém 64 letras e números (ver Figura 2).

Figura 2 – Exemplo de uma função *hash* (a função tem sempre 64 letras e números, independentemente do conteúdo usado para gerar a *hash*, seja uma palavra ou um livro) [28].

INPUT DATA	HASH OUTPUT (SHA-256)
My name is Toby	cacb5418163039b016be9746818a2926f68fd1e4bad1b04f6791 f6aabb5e8c52
My name is Tony	9cd2444dc56929bdb97123add1f007643effa88bf1ed061eee1e ead4e15ac7f9
My name is Toby and this is my project	9abbaa0c54fcd028ac51bede2608d06e8d3a026784e34adfac14 fadd143d212c

[27] Cf. CURTIN, Matt "BRUTE FORCE, Cracking the Data Encryption Standard", 2005, pp. 23 a 24.

[28] Acessível em: https://medium.com/swlh/the-mathematics-of-bitcoin-74ebf6cefbb0 (consultado a 12 de setembro de 2022).

Assim, a probabilidade de acertar à primeira é de 1 em 2^{256} (i.e. um 2 seguido de 256 zeros[29][30]), a capacidade computacional necessária para resolver estas funções é tremenda e para o efeito é utilizado *hardware* especializado, nomeadamente *application-specific integrated circuits* (ASIC's), que necessita de uma quantidade avultada de energia, o que contribui para o aumento da pegada elétrica. Devido a este *layout* e à quantidade de recursos necessários para resolver estas funções criptográficas os *miners* têm-se aglomerado em *mining pools* para tornar o processo mais eficiente, no entanto o PoW é tendencialmente ineficiente no que concerne a recursos.

A forma de resolução destas funções criptográficas não tem nenhuma relevância prática ou científica implicando que o processo de criação de blocos é caro, assegurando, no entanto, a simplicidade do processo de verificação para os *nodes*[31].

Outra desvantagem deste tipo de *layout* é a possibilidade de monopólio do processo de mineração[32], ou seja, é possível que um grupo coordenado de *miners* que detenha no mínimo 51% capacidade computa-

[29] Cf. https://www.thesslstore.com/blog/difference-sha-1-sha-2--sha-256-hash-algorithms/ (consultado a 12 de setembro de 2022.

[30] Em termos de comparação, a probabilidade de acertar no Euromilhões à primeira é de 1 em 116 milhões.

[31] Cf. TASCA, TESSONE, *op. cit.*, 2019, p. 11.

[32] Cfr. Paolo Tasca, Claudio J. Tessone *"A Taxonomy of Blockchain Technologies: Principles of Identification and Classification"*, in LEDGER VOL 4 1-39, 2019, p. 11.

cional da rede consiga determinar que transações são aceites, impedir que outras sejam executadas, reverter transações e iniciar um *double-spending attack* (i.e., utilizar o mesmo criptoativo de forma reiterada). Tal é possível introduzindo uma versão alterada da *blockchain* (*forking*)[33] na rede e, uma vez que que os *miners* detêm 51% do poder computacional, a alteração será aceite (Ver figura 3).

Figura 3 – Exemplo de um 51% *Attack*[34]

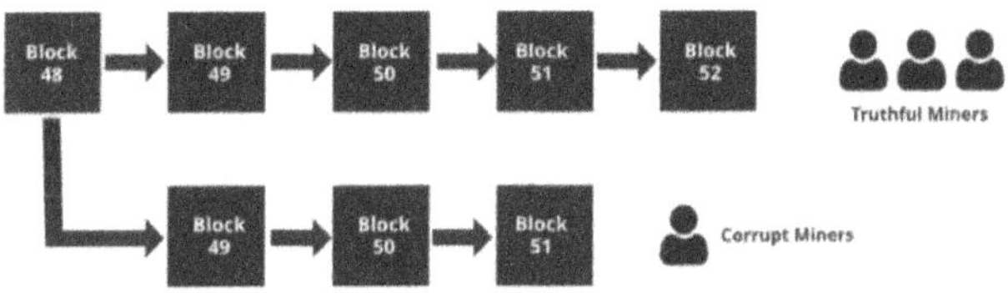

Proof-of-Stake (PoS) – Com o intuito de reduzir os requisitos computacionais necessários para a resolução de funções criptográficas dos *layouts* que utilizam PoW, o PoS apresenta-se como uma solução energeticamente sustentável.

Contrariamente ao que acontece nos sistemas que adotam um modelo de validação de transações

[33] *"Caso um programador convença com sucesso os miners e os nodes a adotar uma nova versão do software, será criado um hard fork na blockchain, originando duas blockchains diferentes, nas quais serão posteriormente acrescentados novos blocos"* (tradução nossa) Cf. DUARTE, *op. cit.*, 2019.

[34] Acessível em: https://www.geeksforgeeks.org/what-are-bitcoin-mitigating-attacks/ (consultado a 12 de setembro de 2022).

baseado em PoW, no PoS os *forgers*[35] não são selecionados pelos seus recursos computacionais, mas sim com base nas suas participações (*stakes*) na rede, ou seja, a probabilidade de um *forger* ser selecionado para verificar o próximo bloco está diretamente relacionada com a quantidade de criptoativos que detém dentro daquele sistema[36] (ver Figura 4).

Figura 4 – PoW vs PoS[37]

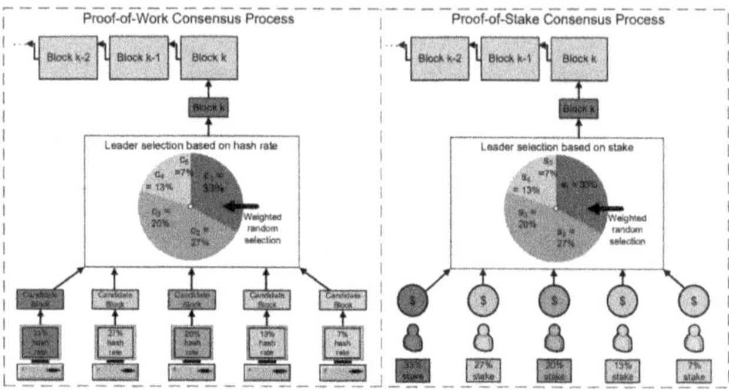

Neste contexto, quem detiver mais ativos tem maior probabilidade de forjar o próximo bloco, numa lógica de lotaria, ou seja, quem comprar mais bilhetes

[35] Desginação de *miner* nos sistemas que usam PoS.

[36] Cf. TASCA, TESSONE, *op. cit.*, 2019, p. 11; NGUYEN, Cong t., HOANG, Dinh Thai, NGUYEN, Diep N., NIYATO, Dusit, NGUYEN, Huynh Tuong, DUTKIEWICZ, Eryk, *"Proof-of-Stake Consensus Mechanisms for Future Blockchain Networks: Fundamentals, Applications and Opportunities"*, 2019, p. 5; International Monetary Fund, *op. cit.*, 2022, p. 10.

[37] Disponível em NGUYEN *et al*, *op. cit.*, 2019, p. 6.

tem uma maior probabilidade de ganhar[38]. A lógica deste modelo de validação tem por base a ideia de que um utilizador que detenha uma quantidade significativa de criptoativos dentro daquela rede irá, tendencialmente, fornecer informação fidedigna relativa ao processo de validação e, como tal, será considerado um validador mais fiável.

Para além do baixo consumo de energia, o PoS tem uma velocidade de confirmação de transações superior ao PoW, sendo que os dois fatores que determinam a velocidade da confirmação das transações são o rendimento das transações e o tempo de confirmação. O rendimento das transações é calculado pelo número de transações por segundo que uma rede consegue processar, já o tempo de confirmação refere-se ao quão rápida a transação é confirmada depois de ter sido adicionada.

Apesar do PoS resolver, em teoria, dois dos maiores problemas do PoW (nomeadamente, o monopólio do processo de mineração e o alto consumo energético), também aquele não está isento de falhas. Assim, uma das maiores críticas a este *layout* é o problema do *"nothing at stake"*, que advém do facto dos *forgers* não terem "nada a perder" quando existe um *fork* da rede, isto é, uma vez que validar as transações não implica despender recursos (nomeadamente, energia elétrica), caso ocorra um *fork* devido a tentativas maliciosas de reversão de transações, nada impede

[38] Cf. International Monetary Fund, *op. cit.*, 2022, p. 10.

um *forger* de validar ambas as transações e beneficiar do dobro das taxas de transação. Mais, tendo em conta que a detenção de criptoativos dentro da rede está diretamente ligada às hipóteses de ser selecionado para verificar uma transação, existe o risco de se criar um *layout* em que os *forgers* mais ricos têm uma maior probabilidade de ser selecionados, o que leva os *forgers* com menos participações na rede a serem forçados a sair. Desta forma, este sistema cria um ambiente em que os utilizadores com mais participações são beneficiados, aumentando, assim, o risco de centralização[39].

A solução encontrada para mitigar o problema do "*nothing at stake*" foi uma evolução ao PoS designada de *Delegated Proof-of-Stake* (DPoS). O DPoS consiste, em termos genéricos, na delegação do processo de validação a um terceiro (estes terceiros são designados de testemunhas) que é remunerado pela tarefa e penalizado caso se envolva em atividades maliciosas como as referidas supra. Assim, o problema do "*nothing at stake*" deixa de ser uma opção viável para validadores maliciosos, uma vez que uma testemunha que perca credibilidade provavelmente não será selecionada para validar novos blocos enquanto uma testemunha credível tem uma maior probabilidade de o fazer novamente[40].

[39] Cf. TASCA, TESSONE, *op. cit.*, 2019, p. 11; NGUYEN *et al*, *op. cit.*, 2019, p. 6; International Monetary Fund, *op. cit.*, 2022, p. 11.

[40] Cf. *Ibidem* p. 12.; *Ibidem* p. 6.; *Ibidem*, p. 12.

Proof-of-Authority (PoA) – Neste tipo de *layout*, os participantes não têm que resolver funções criptográficas complexas nem são selecionados pelas suas *stakes* na rede, o PoA utiliza um modelo de validação das transações baseado na reputação da entidade que os valida, ou seja, um grupo pré-determinado de *nodes* é selecionado para validar todas as transações na rede (*authorities*), a identidade destes *nodes* é conhecida e, como tal, neste modelo, a *stake* utilizada é a identidade. As *authorities* têm a competência exclusiva de criação de novos blocos e de atualização da *ledger* e, tipicamente, este modelo é utilizado em *blockchains* privadas que têm uma rede de topologia de consenso em consórcio.

A forma de validação das transações é feita através do uso de um conjunto de chaves privadas que as *authorities* utilizam para assinar os novos blocos, esta assinatura prova que a *authority* verificou a transação, cada utilizador verifica que a assinatura constante em determinado bloco corresponde à lista de assinaturas das *authorities*, se a assinatura for válida a transação é considerada válida[41].

Proof-of-Capacity (PoC) – Também conhecido como *Proof-of-Space* ou *Proof-of-Storage*, o PoC é uma implementação que tem por base a ideia de espaço como um recurso. Neste *layout* o processo de vali-

[41] Cf. TASCA, TESSONE, *op. cit.*, 2019, p. 12; International Monetary Fund, *op. cit.*, 2022, p. 13.

dação das transações é feito com recurso ao espaço disponível no disco rígido ao invés de capacidade computacional, como acontece no PoW. Com efeito, e em termos simples, o processo é dividido em duas fases, em primeiro lugar o *plotting*, que consiste em armazenar uma lista de potenciais soluções da função criptográfica no disco rígido antes de se iniciar o processo de mineração, assim, quanto maior for o espaço disponível no disco rígido, maior é a quantidade de possíveis soluções que o *miner* consegue armazenar, o que aumenta a probabilidade de encontrar a solução da função *hash* e, consequentemente, maior a probabilidade de ser recompensado. Em segundo lugar, o processo de mineração, nesta fase os *miners* combinam as potenciais soluções que armazenaram no seu disco rígido com a versão mais recente função criptográfica que pretendem resolver e o *node* que resolver a função mais rapidamente produz o novo bloco[42].

Proof-of-Burn (PoB) – Semelhante ao PoS, o PoB pretende minimizar o gasto de recursos energéticos e de poder computacional que é típico dos sistemas que utilizam PoW. Neste *layout*, os *miners* devem provar que enviaram uma determinada quantidade de criptoativos para um endereço público verificado (*eater adresses* ou *dining direction*), ativos estes que nunca recuperarão, uma vez que este é o investimento

[42] Cf. *Ibidem*, p. 12.; CASTILHO, Diogo Peres *"Etherspace: Practical Proof-of-Space for Blockchains"* [Dissertação de Mestrado, Instituto Superior Técnico, Universidade de Lisboa], 2019, p. 14.

necessário para poderem minerar um novo bloco. Em vez de despenderem grandes quantidades energéticas para conseguirem alimentar o equipamento necessário para resolver as funções criptográficas que permitem minerar novos blocos à semelhança do que acontece nos sistemas PoW, os *miners* investem criptoativos.

Assim, e de forma semelhante ao PoS, os *miners* que enviarem uma maior quantidade de criptoativos para uma *eater adress* têm maior probabilidade de minerar o próximo bloco. Atualmente, os mecanismos que utilizam PoB funcionam com recurso a criptoativos já minerados, o que torna esta atividade dispendiosa uma vez que os ativos usados não são recuperáveis[43].

Existem ainda sistemas híbridos, que combinam vários dos *layouts* aqui desenvolvidos como forma de validação de transações. Os mais avançados combinam os sistemas de PoB e PoW e de PoW e PoS[44].

O terceiro subcomponente do mecanismo de consenso é o *gossiping*, refere-se à forma como a informação é transmitida através da rede de computadores, o que varia consoante o sistema de *blockchain* utilizado. O *gossiping* pode ser local ou global, sendo que no primeiro caso a informação é validada localmente, ou seja, os *nodes* partilham os registos das transações e chegam a um consenso sem conhecerem todos os

[43] Cf. TASCA, TESSONE, *op. cit.*, 2019, p. 13; CASTILHO, *op. cit.*, 2019, p. 13.

[44] *Ibidem*, p. 13.

nodes na rede, só depois a informação é enviada para todos os *nodes*. Já no segundo caso, a informação é enviada para os chamados *fallback nodes* (i.e., uma lista de *nodes* selecionados para o efeito) que mantêm uma lista de todos os participantes na rede, assim, quando um novo bloco é adicionado os, *fallback nodes* transmitem essa informação para toda a rede.

O quarto e último subcomponente do mecanismo de consenso é o acordo de consenso, este estabelece o conjunto de regras sobre as quais os registos são atualizados num sistema distribuído. Assim, podemos dividir este subcomponente em duas partes, a latência e a finalidade.

Neste contexto, a latência refere-se à forma como a informação se propaga na rede, esta pode ser feita com recurso a comunicações síncronas ou assíncronas. As comunicações síncronas só podem ser enviadas num determinado intervalo de tempo, sendo que se não respeitarem esta regra o bloco pode ser rejeitado (como acontece com a *bitcoin*), já as comunicações assíncronas não têm esta regra, assim as comunicações podem ser enviadas a qualquer momento[45].

A finalidade refere-se ao momento em que é impossível remover um bloco que foi previamente adicionado à *blockchain*. A finalidade pode ser determinística (finalidade imediata) ou probabilística/não determinística (finalidade eventual). Como o nome

[45] *Ibidem*, p. 14.

sugere, a finalidade imediata garante que quando um bloco é adicionado é imediatamente finalizado e não pode ser removido no futuro, este tipo de implementação favorece a consistência da *blockchain* e tem-se tornado bastante útil em *smart contracts*[46][47]. A finalidade eventual garante que todas as cópias partilham um prefixo comum que faz com que a finalidade aumente quantos mais blocos forem adicionados à *blockchain*, assim existe a possibilidade de remover um bloco quando este adicionado, mas essa possibilidade vai diminuindo quanto maior for a cadeia de blocos[48].

3.2 Capacidade de Transação

O segundo componente principal identificado numa *blockchain* é a capacidade de transação. Um dos maiores desafios das tecnologias DLT, mais especificamente, da *blochchain* é aumentar o processamento de transações por forma a competir com outros sistemas de pagamentos que existem atualmente no mercado. Assim, iremos analisar os principais

[46] Um *smart contract* é um *"(...) self-executing contract with the terms of the agreement between buyer and seller being directly written into lines of code. The code and the agreements contained therein exist across a distributed, decentralized* blockchain network. *The code controls the execution, and transactions are trackable and irreversible."* Cf. https://www.investopedia.com/terms/s/smart-contracts.asp.

[47] Cf. TASCA, TESSONE, *op. cit.*, 2019, p. 14; ANCEAUME, Emmanuelle, POZZO, Antonella, RIEUTORD, Thibault, TUCCI-PIERGIOVANNI, Sara *"On Finality in Blockchains"*, 2021, p. 1.

[48] Cf. *Ibidem*, p. 14; ANCEAUME, *et al*, *op. cit.*, 2021, p. 1.

subcomponentes que caracterizam a capacidade de transação:

Estrutura de dados no *block header* – As transações são adicionadas à *blockchain* quando um *miner* minera um bloco na rede, um bloco contém um *block header* que armazena a metadata referente a esse bloco. Apesar das implementações poderem variar consoante a *blockchain* e os campos de dados serem diferentes entre elas, a maioria das implementações utiliza campos de dados como os seguintes[49]:

- ***Block header***
    - Número do bloco;
    - O valor *hash* do *block header* anterior;
    - Uma representação *hash* dos dados do bloco;
    - Um *timestamp*[50];
    - O tamanho do bloco;
    - O valor do *nonce*[51].

[49] Cf. YAGA, Dylan, MELL, Peter, ROBY, Nik, SCARFONE, Karen, *"Blockchain Technology Overview"*, 2018, p. 15.

[50] De acordo com Satoshi Nakamoto um *"(...) timestamp proves that the data must have existed at the time, obviously, in order to get into the hash. Each timestamp includes the previous timestamp in its hash, forming a chain, with each additional timestamp reinforcing the ones before it."* in *"Bitcoin: A Peer-to-Peer Electronic Cash System"*, 2008, p. 2.

[51] *Nonce* é o acrónimo para *number used only once*, e *"(...) is a non-repeating value but not necessarily random. Thus a nonce could be a nonrepeating sequence number."* Cf. KØIEN, Geir M. *"A Brief Survey of Nonces and Nonce Usage"* in SECURWARE 2015: The Ninth International Conference

Figura 5 – Exemplo do conteúdo do *block header*[52]

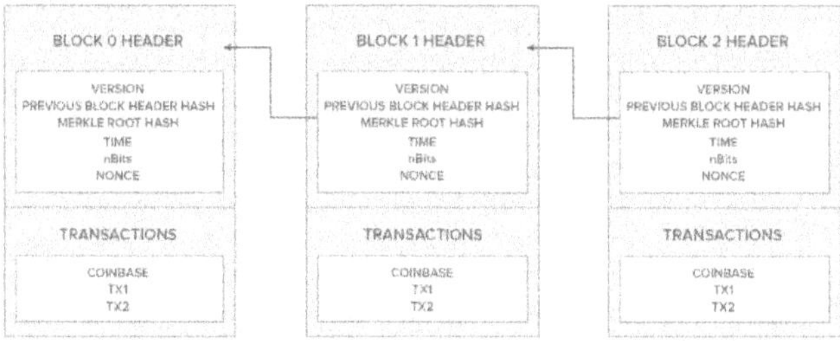

A estrutura de dados no *block header* descreve a capacidade que o sistema tem de armazenar informação sobre as transações, isto inclui o *hash* das transações para efeitos de validação, bem como a informação adicional referida supra (Ver. Figura 5). O sistema *bitcoin*, por exemplo, usa a *Merkle Tree* (existem outros sistemas, como o *Ethereum*, que utilizam a Patricia Tree, que é um acrónimo para Practical Algorithm To Retrieve Information Coded In Alphanumeric) dentro do *block header* para armazenar as transações[53].

Modelo de transação – O modelo de transação refere-se à forma como os *nodes* armazenam e atualizam a informação do utilizador (leia-se transações),

on Emerging Security Information, Systems and Technologies, 2015, p. 85.

[52] Acessível em: https://www.horizen.io/blockchain-academy/technology/advanced/blockchain-as-a-data-structure/ (consultado a 15 de setembro de 2022).

[53] Cf. TASCA, TESSONE, *op. cit.*, 2019, p. 16.

o desafio do modelo de transação é prevenir que os dados que não deveriam ser confiáveis (por exemplo, *double spending*) entrem na *ledger*. Os dois modelos de transação mais utilizados são o *Unspent Transaction Output* (UTXO) e o modelo de contabilidade tradicional.

O UTXO refere-se, genericamente, à quantidade de um determinado criptoativo que foi atribuído a um endereço específico, a soma de todos os UTXO nesse endereço compõem o saldo disponível (por exemplo, no caso da *bitcoin*, se um utilizador receber 10 BTC de três endereços distintos ou do mesmo endereço, mas não na mesma transação, tem um total 30 BTC divididos por três UTXO). Quando um utilizador executa uma transação para um endereço, o valor despendido designa-se de *input* e o valor "depositado" de *output* [54].

Para tentarmos compreender melhor o conceito, e usando o exemplo da *bitcoin*, imaginemos que B tem no seu endereço 4.4 BTC divididos por três UTXO, num tem 3 BTC, noutro 0.8 BTC e no último tem 0,6 BTC. Estes três UTXO representam valores que recebeu de transações anteriores. B pretende enviar a A 3,7 BTC, para o efeito tem que escolher os UTXO que lhe permitam enviar esse valor. Assim, a transa-

[54] Cf. RAMALHO, IGREJAS MATOS, *op. cit.*, 2020, p. 82; DELGADO-SEGURA, Sergi, PÉREZ-SOLÀ, Cristina, NAVARRO-ARRIBAS, Guillermo, HERRERA-JOANCOMARTÍ, Jordi, *"Analysis of the Bitcoin UTXO set"* Department of Information Engineering and Communications, Universitat Autònoma de Barcelona, 2017, p. 3.

ção seria composta por um UTXO de 3 BTC e outro de 0,8 BTC. Uma vez que a soma dos dois UTXO ultrapassa o valor pretendido em 0,1 BTC, o B teria que gerar uma segunda transação para si mesmo com esse valor (troco), o que criaria um novo UTXO no seu endereço, no valor de 0,1 BTC (Ver Figuras 6 e 7)[55].

Figura 6 – Exemplo de duas carteiras antes da transação[56]

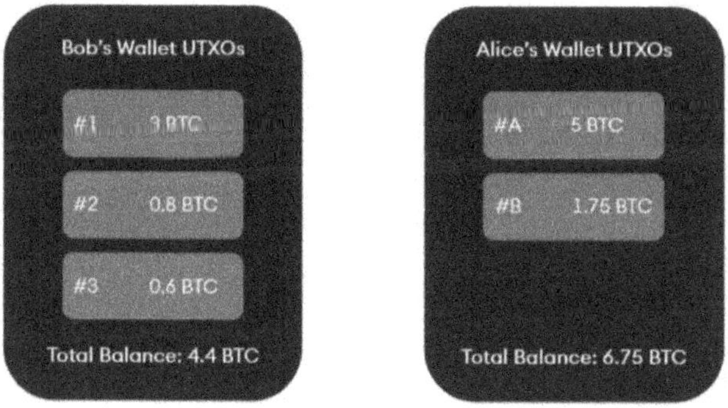

[55] Cf. RAMALHO, IGREJAS MATOS, *op. cit.*, 2020, p. 82; LONGCHAMP, Yves, DESHPANDE, Saurabh, MEHRA, Ujjwal, *"A Beginner's Guide to Blockchain Accounting Standards,* 2020, pp. 2 a 4.

[56] Disponível em: LONGCHAMP, DESHPANDE, MEHRA, *op. cit.*, 2020, p. 4.

Figura 7 – Exemplo de duas carteiras após a transação[57]

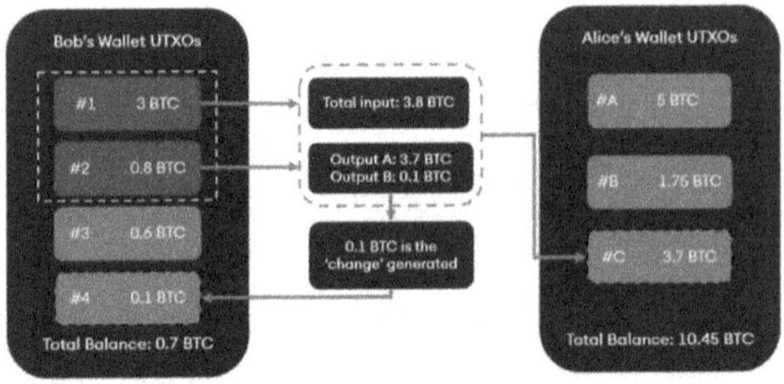

No modelo de contabilidade tradicional (usado na *ethereum*, por exemplo), os endereços assemelham-se a uma conta bancária tradicional que têm um saldo agregado e não uma soma de UTXO, ao contrário do modelo UTXO as transações são "transferências" de fundos entre contas, não existe troco. Assim, enviar fundos de um endereço reduz o saldo do ordenante e aumenta o saldo do endereço do beneficiário[58].

Armazenamento do bloco – Este subcomponente refere-se ao tipo de informação que é armazenada no bloco, existem duas modalidades de armazenamento, sendo que a primeira (utilizada na *bitcoin*, por exemplo) apenas armazena as transações e contém um conjunto de *inputs* e *outputs* que permitem identificar o emitente e o beneficiário de uma transação específica. A segunda modalidade (utilizada

[57] Disponível em: LONGCHAMP, DESHPANDE, MEHRA, *op. cit.*, 2020, p. 4.

[58] Cf. TASCA, TESSONE, *op. cit.*, 2019, p. 16.

na *ripple*, por exemplo), além de armazenar informação sobre as transações, armazena ainda o saldo dos utilizadores[59].

Escalabilidade – Este subcomponente é dos mais importantes para garantir o sucesso de uma *blockchain* e o que apresenta o maior desafio para este tipo de DLT. A escalabilidade está diretamente ligada à velocidade de transação e atualmente esta não se compara a outros meios de pagamentos[60].

A dificuldade de escalabilidade em *blockchains* (particularmente, as públicas) advém do facto de ser extremamente difícil manter o mesmo nível de descentralização, segurança e escalabilidade, o melhoramento de um destes aspetos impacta negativamente os outros dois (o chamado trilema de escalabilidade da *blockchain*, teorizado por Vitalyk Buterin, fundador da *Ethereum*). Contrariamente ao sistema financeiro tradicional, a grande maioria das *blockchains* é descentralizada, como tal, e para validar uma transação, a rede necessita de atingir consenso por forma a validar a mesma, esse consenso é obtido através de *nodes* espalhados pela rede ao invés de uma entidade centralizada que os valida. Desta forma, o processo de validação de transações é moroso e, consequente-

[59] *Ibidem*, p. 17.

[60] A título de exemplo, a *bitcoin* apenas consegue processar 7 transações por segundo enquanto a VISA consegue processar 24 000 transações por segundo. Acessível em: https://crypto.com/university/blockchain-scalability (consultado a 18 de setembro de 2022).

mente, a velocidade de transação também. O sistema *bitcoin* é descentralizado, mas só consegue processar 7 transações por segundo, já a *hyperledger* tem uma velocidade de transação superior, mas é um sistema em consórcio[61], existem ainda *blockchains* mais rápidas e descentralizadas, mas que são menos seguras. Como podemos observar, é extremamente difícil melhorar um aspeto da *blockchain* sem perder eficiência num dos outros[62].

Neste contexto, os principais fatores que afetam a escalabilidade de uma *blockchain* são os seguintes[63]:

- **Número de transações** – Quanto maior o número de transações, maior a escalabilidade, um dos principais problemas dos *layouts* como o da *bitcoin* é o tamanho do bloco, uma vez que este está limitado pelo seu tamanho e não consegue albergar um grande número de transações;

- **Número de utilizadores** – Como referido anteriormente, implementações como a *Ripple*, além das transações, armazenam também os

[61] Cf. Hyperledger Foundation, *"An Overview of Hyperledger Foundation"*, 2021, p. 5.
[62] Cf. DEL MONTE, Gianmaria, PENNINO, Diego, PIZZONIA, Maurizio, *"Scaling Blockchains Without Giving up Decentralization and Security: A Solution to the Blockchain Scalability Trilemma"*, 2020, pp. 1 a 2.
[63] Cf. Gianmaria DEL MONTE, PENNINO, PIZZONIA, *op. cit.*, 2020, p. 3; Cf. TASCA, TESSONE, *op. cit.*, 2019, p. 19.

dados referentes às contas dos utilizadores, o que por sua vez consome mais espaço no bloco, desta forma o número de utilizadores limita a escalabilidade. Se o espaço de armazenamento impacta diretamente na escalabilidade porque quanto maior o espaço, maior o número de transações que consegue armazenar, se a esta informação adicionarmos ainda informação relativa às contas dos utilizadores, menor será o espaço para albergar mais transações;

- **Número de *nodes*** – O número de *nodes* numa rede pode afetar a escalabilidade da *blockchain*, uma vez que o tempo de difusão da informação entre estes é maior quanto maior for o número de *nodes*, o processo de *gossiping* em sistemas com um número elevado de *nodes* pode demorar muito tempo o que, naturalmente, irá limitar a velocidade a que se obtém consenso dentro da rede. Assim, sendo o consenso mais moroso, a validação das transações também o será;

- **Tempo de confirmação** – Este fator está diretamente ligado ao acordo de consenso, mais especificamente, quanto à finalidade. Assim, se estivermos perante um sistema que tenha uma finalidade determinística (finalidade imediata), quando um bloco é adicionado é imediatamente finalizado e não pode ser removido no futuro, caso estejamos perante um sistema com uma finalidade probabilística/não determinística (finalidade eventual), a finalidade aumenta quantos mais blocos forem adicionados à *blockchain*, assim existe a possibilidade de remover um bloco quando este é adicionado, mas essa possibilidade vai diminuindo quanto maior for a cadeia de blocos. Quanto maior for a velocidade de verificação da transação, maior será a sua escalabilidade, sistemas como a *bitcoin* têm uma finalidade probabilística, o que diminui o tempo de verificação da transação, mas, no entanto, é mais seguro.

3.3 Segurança e Privacidade

O terceiro componente principal identificado numa *blockchain* refere-se, na verdade, a duas faces do mesmo problema, a segurança, que está relacionada com riscos técnicos e operacionais que, inevitavelmente, afetam a privacidade dos seus utilizadores. Assim, agrupamos estes dois temas num só ponto para facilidade de exposição. Nesta senda, iremos analisar de que forma os dados numa *blockchain* são encriptados, assim como de que forma é assegurada a privacidade dos seus utilizadores.

Blockchains utilizam funções *hash* como forma de manter a integridade da *ledger*, uma função *hash* é, em termos genéricos, uma operação criptográfica que converte uma mensagem (independentemente do seu comprimento) num *output* fixo, denominado mensagem *hash/digest*[64]. O algoritmo criptográfico mais utilizado neste processo é o SHA-256[65] (acrónimo de *Secure Hash Algoritm*), que pertence à família de funções criptográficas *hash* criadas pela *National Security*

[64] Cf. CHAVES, Ricardo, SOUSA, Leonel, SKLAVOS, Nicolas, FOURNARIS, Apostolos P., KALOGERIDOU, Georgina, KITSOS, Paris, SHEIKH, Farhana, *"Secure Hashing: SHA-1, SHA-2, and SHA-3"* in *Circuits and Systems for Security and Privacy*, 2016, p. 82.

[65] Existem outras implementações que, ao invés de utilizarem funções criptográficas da família SHA-2, utilizam um sistema mais recente designado de ZK-SNARKS (*Zero-Knowledge Succinct Non-interactive Arguments of Knowledge*). O ZK-SNARKS permite que alguém prove a outrem que detém certa informação sem a revelar e sem interagir com o verificador. *Zero-Knowledge* refere-se a um sistema de prova de conhecimento que pode ser definido como a prova que não transmite nenhum conhecimento adicional para além da exatidão da proposição em questão. *Succinct Non-interactive Arguments of Knowledge*, é um sistema de prova sucinto, isto é, o tamanho da prova é muito pequeno em relação ao tamanho da afirmação, é não-interativo, não existe interação entre quem apresenta a prova e quem a verifica, "argumento" é um termo utilizado para definir este tipo de prova, uma vez que não cabe no conceito tradicional de prova, mas serve o mesmo propósito, a palavra conhecimento (*Knowledge*), refere-se à impossibilidade de alguém construir uma prova sem conhecer uma "testemunha" para a afirmação, para cada indivíduo capaz de produzir uma prova válida, existe um extrator capaz de extrair a "testemunha" (o conhecimento) para a afirmação. Estes dois sistemas de prova deram origem ao ZK-SNARKS (utilizado no sistema *Zcash*) que anonimiza a informação individual dos utilizadores a um nível muito mais elevado. Cf. NITULESCU, Anca, "zk-SNARKs: A Gentle Introduction", 2020, pp. 1 a 4.; GOLDWASSER, Shafi, MICALI, Silvio, RACKOFH, Charles, "The Knowledge Complexity of Interactive Proof Systems" in *Society for Industrial and Applied Mathematics*, Vol. 18. No. 1, 1989, p. 186.

Agency (NSA) e pelo *National Institute of Standards and Technology* (NIST)[66], as SHA-2, que consistem num conjunto de funções criptográficas que podem ser de 224, 256, 384 ou 512 *bits*.

A utilização generalizada deste algoritmo em *blockchains* advém das suas características, idealmente, as funções *hash* são determinísticas, isto é, a mesma mensagem terá sempre o mesmo valor *hash*, são eficientes, são *one-way*, ou seja, conhecendo o valor *hash* é computacionalmente impraticável determinar a mensagem que deu origem a esse valor[67], são resistentes à colisão, como tal, dois *inputs* diferentes nunca podem produzir um *output* igual, isto garante que cada bloco na *ledger* tem um valor único[68] e, por fim, a mais pequena alteração na mensagem resulta numa grande alteração no valor *hash*.

Como podemos observar, estas características fazem com que seja extremamente difícil alterar a informação contida nos blocos, assegurando-se, desta forma, a imutabilidade da *blockchain*.

Apesar de existirem mecanismos que, teoricamente, asseguram a privacidade dos utilizadores,

[66] Cf. PENARD, Wouter, VAN WERKHOVEN, Tim, *"On the Secure Hash Algorithm family"*, 2016, p. 3.

[67] Cf. TERKPER, Justice Nueteh, HAYFRON-ACQUAH, James Ben, TWUM, Frimpong, *"An Efficient and Secure One Way Cryptographic Hash Function with Digest Length of 1024 Bits"*, in International Journal of Computer Science and Information Security (IJCSIS), Vol. 15, No. 2, February 2017, p. 191.

[68] Cf. CHAVES, *et al*, *op. cit.*, 2016, p. 82.

como a utilização de chaves públicas e privadas (iremos desenvolver estes conceitos no capítulo terceiro), a verdade é que as transações na *blockchain* podem ser agrupadas de forma a extrair informação adicional e, eventualmente, a identidade das partes envolvidas. Para mitigar este fenómeno, foram criadas soluções alternativas para encriptar de tal forma os dados, que permitem que a identidade das partes envolvidas fique completamente oculta.

Neste contexto, existem dois métodos para melhorar a privacidade dos dados, um consiste num sistema integrado de privacidade de dados, que é implementado na *blockchain* no momento da sua criação, e o outro que consiste na adição de suplementos ao *layout* originalmente criado.

A título de exemplo, o *Zcash* utiliza um sistema integrado de privacidade de dados designado de *ZK-SNARKS* (vd. citação 66) que permite ocultar as partes envolvidas na transação, bem como o montante[69]. No caso de *blockchains* que necessitam de recorrer a soluções externas para ocultar a informação, o processo mais comum é o chamado de *CoinJoin* que, em termos genéricos, consiste em combinar um grupo de transações numa só, não sendo possível desta forma identificar os intervenientes, um exemplo de um prestador deste tipo de serviço é o *ChipMixer*[70].

[69] Cf. TASCA, TESSONE, *op. cit.*, 2019, pp. 24-26.

[70] Para mais informações sobre este *mixer* em concreto consultar: https://chipmixer.xyz/.

3.4 Modelo de permissão

O quarto, e último, componente principal identificado numa *blockchain* é o modelo de permissão. Este componente, muitas vezes utilizado como a única forma de categorização de uma *blockchain*, determina o modelo de permissão e, subsequentemente, quem pode atualizar a rede (leia-se adicionar novos blocos)[71].

Apesar de poderem existir diferentes variações dos modelos de permissão, tradicionalmente são divididos entre *Permissionless Public Blockhains, Permissioned Public Blockchains* e *Permissioned Private Blockchains.*

Permissionless Public Blockhains são sistemas totalmente descentralizados em que qualquer utilizador pode adicionar blocos à rede (exemplo mais conhecido, a *Bitcoin*) sem qualquer controlo, podendo contribuir para a atualização e gestão da *ledger.* Assim, um utilizador pode apenas transacionar criptoativos como, se assim entender, tornar-se um *miner* e participar no processo de validação das transações.

Permissioned Public Blockchains permitem que todos os utilizadores consigam aceder à informação que consta da rede, no entanto, apenas um conjunto selecionado de *nodes* pode participar no processo de validação das transações. Este sistema é tipicamente utilizado em *layouts* que têm uma topologia da rede de consenso em consórcio.

[71] Ibidem, p. 27; Cf. YAGA, MELL, ROBY, SCARFONE, *op. cit.*, 2018, p. 5.

Permissioned Private Blockchains são o exemplo de uma DLT totalmente centralizada, neste *layout* uma entidade centralizada tem o controlo total da rede. Este tipo de implementação é tradicionalmente associado a CBDC's[72].

Chegados ao fim desta extensa categorização de uma *blockchain*, analisámos os componentes que entendemos serem os mais adequados para o efeito, nomeadamente, os mecanismos de consenso, a capacidade de transação, a segurança e a privacidade e o modelo de permissão, decidimos utilizar esta taxonomia, apesar de existirem outras, uma vez que estes componentes são de extrema relevância, não só para efeitos de categorização, como também em sede de imputação. De facto, o (des)conhecimento do funcionamento de uma *blockchain* pode ser um fator determinante para aferir sobre a relevância criminal dos factos imputados a um arguido[73] e, como veremos adiante, a forma de funcionamento desta tecnologia (sem desprimor pelo tremendo avanço tecnológico e das oportunidades que nos apresenta) é um catalisador para a prática de atividades criminosas.

[72] International Monetary Fund, *op. cit.*, 2022, p. 5; Cf. TASCA, TESSONE, *op. cit.*, 2019; Cf. YAGA, MELL, ROBY, SCARFONE, *op. cit.*, 2018, p. 5.

[73] Cf. RAMALHO, IGREJAS MATOS, *op. cit.*, 2020, p. 78.

CAPÍTULO SEGUNDO
CRIPTOATIVOS

1. Enquadramento

A *bitcoin*, que surgiu com o *whitepaper* de Satoshi Nakamoto, foi o primeiro criptoativo baseado na tecnologia *Blockchain* e o primeiro meio de pagamento digital a permitir transações sem ser necessária a intervenção de uma autoridade central[74] resolvendo, também, o problema do *double-spending*. Desde então, o aumento no interesse em processar transações eletrónicas sem a intervenção de uma autoridade central, levou à adoção de novos métodos de pagamentos digitais[75]. Com efeito, assistimos a um crescimento exponencial no mercado de criptoativos, após atingir uma capitalização de mercado de 1 bilião de dólares

[74] Cf. DUARTE, *op. cit.*, 2019.

[75] Cf. Banco de Portugal, "Occasional Paper on Crypto-Assets", 2020, p. 3.

em 2010 (apenas um ano após o lançamento da *bitcoin*), o mercado de criptoativos atingiu os 3 triliões de dólares em 2021[76]. Atualmente, existem mais de 10 000 tipos diferentes de criptoativos, no entanto, apesar de serem principalmente usados como um meio de troca, menos de 30 000 comerciantes globalmente aceitam pagamentos com criptoativos[77], crê-se que a maioria dos utilizadores utiliza este ativo como forma de investimento especulativo, ao invés de o utilizar como meio de pagamento.

Neste capítulo, iremos densificar o conceito de criptoativo, começaremos com uma delimitação positiva do mesmo, clarificando o que efetivamente são criptoativos e as suas tipologias, afastaremos qualquer associação ao conceito de moeda em sentido jurídco e, por fim, entraremos numa componente mais técnica, por forma a compreender de que forma são efetuadas transações com estes ativos.

2. Conceito

O conceito de criptoativo tem sido abordado de forma exaustiva pelas mais diversas entidades, ao longo do tempo, este conceito teve várias interpretações e foi sujeito à várias nomenclaturas. Apesar do termo "criptoativo" ser cada vez mais usual,

[76] Cf. International Monetary Fund, FINTECH NOTE, *"Regulating the Crypto Ecosystem: The Case of Unbacked Crypto Assets"*, 2022, p. 13.

[77] *Ibidem*, p. 13.

ainda existe alguma legislação e textos institucionais que utilizam outras terminologias, nomeadamente, moeda virtual, moedas, moedas digitais, ativos virtuais ou ativos digitais. De facto, não existe uma definição transversalmente aceite do que constitui um criptoativo, o termo é utilizado para se referir a uma variedade de ativos e diferentes autoridades regulatórias adotaram variadas definições para efeitos de monitorização e supervisão[78].

Neste contexto, o *European Central Bank* (ECB) define um criptoativo como "*qualquer ativo registado em formato digital que não seja e não represente nem um crédito financeiro nem um passivo financeiro de qualquer pessoa singular ou coletiva, e que não incorpore um direito de propriedade contra uma entidade*" (tradução nossa)[79].

A *European Banking Authority* (EBA) usa o termo para se referir a "*um ativo que: a) depende principalmente de criptografia e DLT ou tecnologia similar como parte do seu valor percetível ou inerente, b) não é emitido nem garantido por um banco central ou autoridade pública, e c) pode ser*

[78] Cf. Prof. Dr. HOUBEN, R., Snyers, A., "*Crypto-assets – Key developments, regulatory concerns and responses*", Study for the Committee on Economic and Monetary Affairs, Policy Department for Economic, Scientific and Quality of Life Policies, European Parliament, Luxembourg, 2020, p. 16.

[79] Cf. ECB CRYPTO-ASSETS TASK FORCE, "Crypto-Assets: Implications for financial stability, monetary policy, and payments and market infrastructures", *ECB Occasional Paper No. 223*, May 2019, p. 7. Acessível em: https://www.ecb.europa.eu/pub/pdf/scpops/ecb.op2233ce14e986c.en.pdf (consultado a 25 de setembro de 2022).

utilizado como meio de troca e/ou para fins de investimento e/ou para aceder a um bem ou serviço"[80] (tradução nossa).

O *Financial Stability Board* (FSB) define criptoativo como "*um tipo de ativo privado que depende principalmente de criptografia e de distributed ledger ou tecnologia similar como parte do seu valor percetível ou inerente*"[81] (tradução nossa).

A *European Securities and Markets Authority* (ESMA) tem uma definição semelhante à do FSB referindo-se a "*um tipo de ativo privado que depende principalmente de criptografia e de DLT ou tecnologia similar como parte do seu valor percetível ou inerente*"[82] (tradução nossa).

Entre nós, o Banco de Portugal, define criptoativos como "*ativos registados em formato digital que dependem principalmente de criptografia e DLT (ou uma tecnologia semelhante) como parte do seu valor inerente*"[83] (tradução nossa).

[80] Cf. EBA, "Report with advice for the European Commission on crypto-assets", January 2019, pp. 10-11. Acessível em: https://eba.europa.eu/eba-reports-on-crypto-assets (consultado a 25 de setembro de 2022).

[81] Cf. FSB, "Crypto-assets: work underway, regulatory approaches and potential gaps", May 2019, p. 10. Acessível em: https://www.fsb.org/wp-content/uploads/P310519.pdf (consultado a 25 de setembro de 2022).

[82] Cf. ESMA, "Advice on Initial Coins Offerings and Crypto-Assets", January 2019, p. 42. Acessível em: https://www.esma.europa.eu/sites/default/files/library/esma50-157-1391_crypto_advice.pdf (consultado a 25 de setembro de 2022).

[83] Cf. Banco de Portugal, *"Occasional Paper on Crypto-Assets"*, 2020, p. 4.

Por fim, e talvez com a definição mais abrangente, o MiCAR define um criptoativo como "*uma representação digital de um valor ou de um direito que pode ser transferida e armazenada eletronicamente, recorrendo à tecnologia de registo distribuído ou a outra tecnologia semelhante*"[84]. Existem outras definições de criptoativo mas, para efeitos de exposição e demonstração das diferentes aceções para o mesmo termo, abordámos apenas estas.

Com efeito, no presente texto, iremos adotar o conceito de criptoativo proposto pelo MiCAR. Apesar de não fazer referência a todo o tipo de criptoativos que iremos abordar ao longo do nosso trabalho, parece-nos ser a definição capaz de abranger todos eles.

2.1 Tipologia

Os criptoativos tendem a adotar diferentes formas e características. Alguma literatura[85] faz uma divisão quadripartida entre "criptomoedas", *tokens* de utilização, *tokens* de investimento e *tokens* híbridos. Contudo, a utilização do termo "criptomoedas" pode confundir o leitor, tendencialmente a utilização desta denominação aproxima estes criptoativos ao conceito de moeda. Aliás, existem autores que afirmam que servem o mesmo propósito que a moeda,

[84] Cf. o disposto no ponto 5, do n.º 1, do artigo 3.º do MiCAR.

[85] Cf. ANTUNES, José Engrácia, "As Criptomoedas", in: 81 Revista da Ordem dos Advogados, 2021, pp. 119-187.

podendo atuar como um meio de troca, unidade de conta e como reserva de valor[86], como veremos mais adiante, tal não é possível (pelo menos, no caso dos *tokens* que têm uma alta volatilidade de preços). Não obstante, iremos adotar uma divisão em cinco partes, nomeadamente, *tokens* monetários (também conhecidos como *exchange tokens* ou *payment tokens*),[87] *tokens* de utilização (ou *usage tokens*), *tokens* de investimento (ou *security tokens*), *tokens* híbridos e *non-fungible tokens* (NFT's).

2.1.1. *Tokens* Monetários

Os *tokens* monetários (*payment tokens* ou *exchange tokens*) são criptoativos que têm o intuito de serem utilizados como meio de troca ou de pagamento. Tradicionalmente, são associados aos chamados *unbacked cryptoassets*, ou seja, criptoativos que não estão indexados a nenhum outro ativo (por exemplo, ouro, outro criptoativo ou um cabaz de vários ativos[88]) e que são

86 Cf. HOUBEN, *op. cit.*, 2020, p. 18.

87 Cf. EBA, "*Report with advice for the European Commission on crypto-assets*", January 2019, p. 7; ROLO, António Garcia, "*A proposta de Regulamento europeu sobre mercados de criptoativos: breve sumário e análise*", em Revista de Direito das Sociedades, Número 2 – julho – dezembro, 2021, p. 288; VIEIRA DOS SANTOS, João, "*Regulação de Formas de Financiamento Empresarial Fintech: Em especial o crowdfunding e as initial coin offerings*", 2022, pp. 450-451.

88 *No MiCAR, a referência a este cabaz de ativos é feita no ponto 32, do n.º 1 do artigo 3.º, ou seja, o cabaz de ativos de reserva que garante o crédito sobre o emitente.*

tendencialmente descentralizados. O seu valor é meramente especulativo, sendo que os exemplos mais proeminentes são a *bitcoin* e *ethereum*. Por oposição a estes criptoativos, temos os *asset-referenced tokens* e os *e-money tokens*, ou seja, "*um tipo de criptoativo que não é uma criptoficha de moeda eletrónica e que procura manter um valor estável por referência a outro valor ou direito, ou a uma combinação de ambos, nomeadamente uma ou várias moedas oficiais*"[89], e "*um tipo de criptoativo que procura manter um valor estável por referência ao valor de uma moeda oficial*"[90], respetivamente. Por outras palavras, *stablecoins.*

As *stablecoins*, são uma forma de *token* monetário que, através de mecanismos de estabilização, minimizam o problema de volatilidade dos criptoativos[91]. Com efeito, podemos subsumi-las a dois tipos fundamentais: *backed stablecoins* (*asset-referenced tokens* ou *e-money tokens*) e *algorithmic stablecoins*[92]. O primeiro, já referido, atinge a estabilização de valor mantendo uma reserva de ativos valiosos (por exemplo, ouro), os emissores possuem grandes reservas de ativos e comprometem-se, por um lado, "*a fornecer uma das suas moedas a qualquer pessoa que licite $1 e, por outro lado, a permitir aos titulares levantarem as suas moedas por*

[89] Cf. o disposto no ponto 6, do n.º 1, do artigo 3.º do MiCAR.

[90] Cf. o disposto no ponto 7, do n.º 1, do artigo 3.º do MiCAR

[91] Cf. ANTUNES, José Engrácia, "*A Moeda: estatuto jurídico e económico*", 2021, p. 221, p. 235.

[92] Cf. ANTUNES, *op. cit.,* 2021b, p. 235.

$1[93][94]"(tradução nossa). Este tipo de *backed stablecoins*, (conhecido como *commodity backed*) por estarem indexadas a um ativo tangível, são menos suscetíveis de inflação como acontece com as *stablecoins* que estão indexadas a moeda fiduciária. Nesta senda, temos as *fiat backed stablecoins*, que, como o nome indica, estão indexadas a moeda fiduciária e, normalmente, por cada *token* em circulação têm uma reserva com o equivalente em moeda fiduciária (por exemplo, para cada *token* com o valor de $1 existe $1 na reserva). As *stablecoins* podem, ainda, estar indexadas a outros criptoativos ou a um capaz de ativos de diferentes espécies. Por exemplo, a *Theter* tinha as suas reservas numa instituição de crédito nas ilhas Caimão, onde detinha ativos que iam desde moeda fiduciária a outros criptoativos[95].

Outro elemento fundamental dos mecanismos de estabilização é o rácio de reservas para *stablecoins* cunhadas. Assim, quando uma determinada *stablecoin* detém ativos suficientes que lhe permitam manter a paridade, mesmo na eventualidade uma liquidação massiva, diz-se que é *fully-collaterized*[96]. Por outro lado,

[93] Cf. BRUCE, Kara, ODINET, Christopher K., TOSATO, Andrea "*The Private Law of Stablecoins*", in Arizona State Law Journal, 2022, pp. 16-17.

[94] Exemplo da taxa de troca das *stablecoins* com maior capitalização de mercado, a USDT, USDC, e a BUSD.

[95] Cf. BRUCE, ODINET, TOSATO, *op. cit.*, 2022, p. 17.

[96] Cf. LYONS, Richard K., VISWANATH-NATRAJ, Ganesh, "*What Keeps Stablecoins Stable?*", 2019, p. 4; Ibidem p. 17.

quando detém ativos cujo valor excede significativamente o das *stablecoins* em circulação, diz-se que é *over-collaterized* (tipicamente utilizado em *stablecoins* indexadas a outros criptoativos), este sistema tem em conta a volatilidade dos criptoativos a que está indexado para tentar manter os preços estáveis[97].

Por fim, temos as *algorithmic stablecoins* que, contrariamente às *backed stablecoins*, não têm nenhum colateral associado para estabilizar os preços, a estabilização é atingida através de dois mecanismos distintos[98]: *Rebase* e *Seigniorage shares*.

O *Rebase* consiste num algoritmo que funciona de forma semelhante a um banco central, ou seja, o algoritmo num mecanismo de *Rebase* diminui a oferta da *stablecoin* quando o preço desce abaixo de um determinado limite, e emite mais *tokens* quando o preço sobe acima de um determinado nível. Este mecanismo mantém o valor da *stablecoin* independentemente das condições de mercado[99].

O modelo *Seigniorage shares*[100] consiste, em termos simples, na utilização de dois criptoativos, um que

[97] Cf. LYONS, VISWANATH-NATRAJ, *op. cit.*, 2022, p. 4; BRUCE, ODINET, TOSATO, *op. cit.*, 2022, p. 17.

[98] Existem, ainda, as chamadas *Fractional Algorithmic Stablecoins*, que são parcialmente colateralizadas. De um lado por ativos e, do outro, por algoritmos criptográficos. Para um desenvolvimento mais aprofundado sobre este tema consultar: https://docs.frax.finance/.

[99] Cf. LYONS, VISWANATH-NATRAJ, *op. cit.*, 2022, p. 4; BRUCE, ODINET, TOSATO, *op. cit.*, 2022, p. 18.

[100] Cf. SAMS, Robert, "*A Note on Cryptocurrency Stabilisation: Seigniorage Shares*", BRAVE NEW COIN 1, 2015, pp. 3-4.

funciona como um *token* monetário e outro como uma "ação", quando o preço do *token* monetário ultrapassa a indexação pretendida, as ações são utilizadas para aumentar a oferta de *tokens.*

2.1.2. *Tokens* de Utilização

Os *tokens* de utilização (também designados de *usage tokens*), são um tipo de criptoativo que confere ao seu titular direitos subjacentes a um determinado projeto que podem consistir desde o direito a um bem ou serviço até, por exemplo, ao direito de acesso a uma plataforma de criação de *smart contracts*[101].Assim, este tipo de criptoativos são caracterizados por *"referência à finalidade social e económica inerente ao seu consumo ou utilidade"*[102].No mesmo sentido, o MiCAR define um *token* de utilização como *"um tipo de criptoativo destinado exclusivamente a facultar o acesso a um bem ou serviço prestado pelo emitente dessa criptoficha"*[103]. Tipicamente, os direitos subjacentes aos titulares destes *tokens,*

[101] Cf. GERALDES, Luís Roquette, SOLÁ DE ALBUQUERQUE, Mariana, LIMA DA SILVA, João, *"ICOs: security tokens vs utility tokens"* in, AAVV, *"FinTech II – Novos Estudos sobre Tecnologia Financeira"*, 2019, pp. 336-340; ANTUNES, *op. cit.*, 2021b, p. 221; VIEIRA DOS SANTOS, *op. cit.*, 2022, p. 450; ROLO, António Garcia, *"As Criptomoedas como Meio de Financiamento e a Qualificação dos Tokens de Investimento Emitidos em Oferta Pública de Moeda (ICO) como Valores Mobiliários"*, in, AAVV, *"FinTech II – Novos Estudos sobre Tecnologia Financeira"* , 2019, p. 261.

[102] Cf. GERALDES, SOLÁ DE ALBUQUERQUE, LIMA DA SILVA, *op. cit.*, 2019, p. 336.

[103] Cf. o disposto no ponto 9, do n.º 1, do artigo 3.º do MiCAR.

estão condicionados a produtos desenvolvidos pelo emitente do *token* e, diferentemente dos *tokens* monetários, não são aceites como meio de pagamento para outros bens ou serviços. Estes criptoativos são emitidos no âmbito de uma *Initial Coin Offering* (ICO)[104] e, contrariamente aos *tokens* de investimento (que iremos abordar no ponto seguinte) que têm como objetivo obter financiamento para gerar rendimento para os investidores no futuro, têm como principal objetivo garantir acesso à plataforma, bens ou serviços oferecidos pelo emitente e, ao mesmo tempo, criar uma base de utilizadores.[105]Exemplos proeminentes de *tokens* de utilização são o *Filecoin*[106], o *Mobilego*[107] e o *Status*[108]. O primeiro é um *token* que garante acesso a armazenamento de dados na *cloud*, o segundo o direito de utilização de plataformas de jogos e o terceiro o direito a um serviço de mensagens.

[104] As ICO 's são ofertas públicas de *tokens*, destinadas a atrair investimento, em que um emitente promove, junto do público, a venda de criptoativos através da tecnologia *blockchain*. Cf. VIEIRA DOS SANTOS, *op. cit.*, 2022, pp. 445-447; GERALDES, SOLÁ DE ALBUQUERQUE, LIMA DA SILVA, *op. cit.*, 2019, p. 333.

[105] Cf. HOUBEN, *op. cit.*, 2020, p. 21.

[106] Cf. Protocol Labs, "*Filecoin: A Decentralized Storage Network*", 2019. Acessível em: https://whitepaper.io/document/599/filecoin-whitepaper.

[107] Cf. Mobile Go Token, acessível em: https://www.mobilego.io/whatepaper/MobileGo-Whitepaper.pdf.

[108] Cf. The Status Network, "*A strategy towards mass adoption of Ethereum*", acessível em: https://status.im/whitepaper.pdf

2.1.3. *Tokens* de Investimento

Os *tokens* de investimento (também conhecidos como *security tokens*) têm uma estrutura e modo de operar semelhante ao dos *tokens* de utilização, o que os difere é o seu fim. Assim, tipicamente, conferem aos seus titulares direitos, na forma de direitos económicos, associados a um determinado projeto que podem ir desde o recebimento futuro de lucros, mais-valias, juros ou outros rendimentos associados ao desempenho[109]. Os *tokens* de investimento são, geralmente, emitidos como forma de angariar capital e, em alguns casos, apresentam características semelhantes às dos valores mobiliários. Assim, podemos dizer que têm "*uma finalidade social e económica de lucro e/ou investimento*"[110].

O exemplo mais conhecido de um *token* de investimento, e não pelas melhores razões, é o *The DAO*, emitido pela Slock.it, através da *blockchain* da *Ethereum*. Anunciado como o primeiro fundo de investimento totalmente virtual e descentralizado (DAO é o acrónimo de *Decentralized Autonomous Organization*), a DAO funcionava com base na rede *Ethereum* e a rede atribuía *tokens* na conta de quem investisse *Ether* (ETH)neste projeto. O *token* atribuía

[109] Cf. GERALDES, SOLÁ DE ALBUQUERQUE, LIMA DA SILVA, *op. cit.*, 2019, p. 341; HOUBEN, *op. cit.*, 2020, p. 21; ANTUNES, *op. cit.*, 2021b, p. 221.

[110] Cf. GERALDES, SOLÁ DE ALBUQUERQUE, LIMA DA SILVA, *op. cit.*, 2019, p. 341.

direitos de voto e de propriedade e eram livremente transferíveis (leia-se, possibilidade de utilização no mercado secundário)[111].

No espaço de um mês (entre 30 de abril e 28 de maio de 2016), foram emitidos 1,15 biliões de *tokens* em troca de 12 milhões de ETH, com um valor aproximado de 150 milhões de dólares. Contudo, apenas um mês após o que se apresentava como sendo um projeto com enorme sucesso, a rede foi vítima de um *hack* que explorou as fragilidades no código da DAO e foram desviados 3,6 milhões de ETH.

Numa tentativa de recuperar os criptoativos desviados, o fundador da *Ethereum* optou por adotar um procedimento denominado de *hard fork*[112], que não foi de todo consensual, tendo em conta que supostamente as *blockchains* são "imutáveis", esta opção criou algum descontentamento dentro da comunidade. Com efeito, foi possível fazer uma alteração ao protocolo da *Ethereum*, com a anuência da maioria da rede, o que permitiu a devolução do investimento aos seus titulares originários. No entanto, enquanto a

[111] Cf. CATARINO, Luís Guilherme, *"Ofertas Públicas de Criptomoedas: Fintech, Tokens, Smart Contracts, Blockchain, And All That Jazz..."*, in Revista de Concorrência e Regulação, No 40, 2019, pp. 52-55; ROLO, António Garcia, "Challenges in the Legal Qualification of Decentralised Autonomous Organisations (DAOs): The Rise of the Crypto-Partnership?" in Revista de Direito e Tecnologia, Vol 1 (2019), no. 1, 33-87, Centro de Investigação de Direito Privado (CIDP) Research Paper No. 11, acessível em: SSRN: https://ssrn.com/abstract=3417900.

[112] Vd. Citação 33.

maioria dos investidores aceitou as alterações ao protocolo, alguns não o fizeram, o que originou duas *blockchains* que competem entre si, os que não aceitaram a alteração encontram-se na *Ehtereum Classic* e os que a aceitaram, na *Ethereum*[113].

2.1.4. *Tokens* Híbridos

Os *tokens* híbridos são aqueles que desempenham uma multiplicidade de funções e que, normalmente, cumprem mais do que uma das finalidades das diferentes categorias referidas anteriormente. Com efeito, podem conferir direitos a bens ou serviços, funcionar como um meio de pagamento ou ter a uma função de investimento e conferir direitos económicos sobre o emitente[114].

2.1.5. *Non-Fungible Tokens (NFT'S)*

Os NFT's são um tipo de *tokens* criptográficos representativos de bens infungíveis (ou seja, não são replicáveis) e, muitas vezes, comparados a certificados digitais de propriedade[115]. O certificado assume a forma de dados registados numa *blockchain*, isto

[113] Cf. CATARINO, *op. cit.*, 2019, pp. 52-55; ROLO, *op. cit.*, 2019.

[114] Cf. CATARINO, *op. cit.*, 2019, p. 55; ANTUNES, *op. cit.*, 2021b, p. 222; VIEIRA DOS SANTOS, *op. cit.*, 2022, pp. 451-452.

[115] Cf. Congressional Research Service, *"Non-Fungible Tokens (NFTs)"*, 2022, p. 2; ANTUNES, *op. cit.*, 2021b, p. 221; VIEIRA DOS SANTOS, *op. cit.*, 2022, p. 452.

significa que o detentor desse *token* tem associado ao mesmo um item digital. Atualmente, a *blockchain* mais popular para NFT's é a *Ethereum*.

Relativamente às suas características, podemos realçar as seguintes: singularidade, transparência e comprovação de propriedade, programação de ativos e imutabilidade dos registos.

Neste contexto, é possível produzir um número limitado de *tokens*, onde cada um deles é identificável(singularidade), como também representar bens do mundo físico como, por exemplo, obras de arte. A prova de titularidade é, também, altamente relevante, especialmente nos casos em que as NFT's são "colateralizadas" por ativos reais. A imutabilidade é uma qualidade inerente às DLT's e, uma vez que os NFT's são transacionados neste ambiente, são altamente resistentes à manipulação o que, subsequentemente, resulta no aumento da confiança e da transparência. Por fim, a programação dos ativos, que é um fator diferenciador entre NFT's e ativos reais, permite que aqueles sejam programáveis como se de *software* se tratassem.

Assim, estes *tokens,* podem ser um avanço importante na proteção de direitos de autor e de bens digitais[116].

[116] Cf. The European Union Blockchain Observatory & Forum, *"Demystifying Non- Fungible Tokens (NFTs)"*, 2021, pp. 4-5; Congressional Research Service, *"Non-Fungible Tokens (NFTs)"*, 2022, p. 2; ANTUNES, *op. cit.*, 2021b, p. 221; VIEIRA DOS SANTOS, *op. cit.*, 2022, p. 452.

3. Criptoativos e Moeda

Os criptoativos são uma representação digital de um valor ou de um direito que pode ser transferida e armazenada eletronicamente, recorrendo à tecnologia de registo distribuído ou a outra tecnologia semelhante[117]. Partindo da definição apresentada pelo MiCAR, e da tipologia apresentada no ponto anterior, cumpre-nos agora analisar se os criptoativos cumprem a mesma função que a moeda, ou seja, se são um meio de troca, uma unidade de conta e se têm reserva de valor[118].

A função primordial da moeda é a de *meio de troca*. Com efeito, a moeda é trocada por bens e serviços e, como sublinha JOSÉ ENGRÁCIA ANTUNES, é "*um mediador universal nas transações económicas em mercado relativas a bens e serviços*"[119].

Esta característica permite ultrapassar o problema de uma economia assente em troca direta, ou seja, a troca direta tem como pressuposto a existência da vontade de duas partes em quererem trocar bens e serviços de espécies diferentes (por exemplo, um agricultor que precisa de um mecânico que lhe repare o trator e um mecânico que necessite de adquirir couves), não existindo esta dupla coincidência de vonta-

[117] Cf. o disposto no ponto 5, do n.º 1, do artigo 3.º do MiCAR.

[118] Cf. ANTUNES, *op. cit.*, 2021b, p. 28.

[119] *Ibidem* p. 30.

des[120] não é possível transacionar bens e serviços. Tal modelo, numa economia moderna, é impraticável. Sendo a moeda um meio universal de troca, torna a economia mais eficiente e promove a especialização dos agentes económicos[121].

A segunda função da moeda é a de *unidade de conta*, funciona como uma medida unitária de valor, ou seja, as trocas entre os vários agentes económicos são simplificadas porque se referem a *"uma unidade de conta ideal e abstrata que, expressa numericamente em múltiplos ou frações de 1, serve de unidade universal de medida e cálculo do valor dos bens"*[122]. O valor dos bens e serviços é medido em termos de moeda, da mesma forma que o peso é medido em quilos[123]. Não existindo esta unidade de medida, o valor de cada bem e serviço seria de difícil cálculo, sendo aferido por comparação a outros bens e serviços que queremos adquirir (por exemplo, quantos pêssegos teríamos que pagar para ir ao cinema[124]).

Por fim, a moeda tem a função de *reserva de valor*, ou seja, é um repositório de poder de compra para o

[120] Cf. CORREIA, Francisco Mendes, "Moeda Bancária e Cumprimento – O cumprimento das obrigações pecuniárias através de serviços de pagamento", 2018, p. 43.

[121] Cf. ANTUNES, *op. cit.*, 2021b, pp. 30-31; CORREIA, *op. cit.*, 2018, p. 43.

[122] Ibidem, pp. 32-33; ibidem, p. 43.

[123] Ibidem, pp. 32-33; ibidem, p. 43; MISHKIN, Frederic A., SERLETIS, Apostolos, "*The Economics of Money, Banking and Financial Markets*", 2011, p. 45.

[124] Cf. MISHKIN, SERLETIS, *op. cit.*, 2011, p. 45.

futuro. Não sendo o único ativo com esta característica, a moeda é, no entanto, facilmente convertida em bens ou serviços e, ao contrário de outros ativos (por exemplo, ações, obrigações, imóveis), não necessita de ser convertida em nenhum outro para realizar a sua função de meio de pagamento, sendo, desta forma, dotada de extrema liquidez[125].

O rápido crescimento dos criptoativos e, consequentemente, o seu uso generalizado, trouxe para a discussão a possibilidade de estes cumprirem as funções monetárias tradicionais. Com efeito, a doutrina tem divergido quanto à sua qualificação como moeda, sendo que a grande maioria tende para os não classificar como tal.

A função monetária mais associada aos criptoativos (em particular, aos *tokens* monetários) é a de *meio de troca/pagamento* podendo ser usados como meio de cumprimento de obrigações pecuniárias[126]. Assim, os *tokens* monetários parecem cumprir a função de meio de pagamento da mesma forma que a moeda fiduciária, contudo há que realçar que esta função é limitada pelo facto de estes *tokens* não serem de aceitação universal, existindo apenas um número restrito de comerciantes que aceitam este meio de

[125] Cf. MISHKIN, SERLETIS, *op. cit.*, 2011, pp. 46-47; ANTUNES, *op. cit.*, 2021b, p. 34; CORREIA, *op. cit.*, 2018, p. 44.

[126] Cf. DUARTE, Paulo, *"Obrigações de Dinheiro (Obrigações Monetárias) e Obrigações de Bitcoins"* in Estudos de Direito do Consumidor, 2018, p. 378.

pagamento[127][128]. Por outro lado, salientamos que esta função só é possível no caso de *tokens* monetários, não se aplicando a *tokens* de utilização, *tokens* de investimento e a NFT's. Em algumas configurações, os *tokens* híbridos têm esta função.

Podemos afirmar que os criptoativos desempenham a função de *unidade de conta*? De facto, a maioria dos *tokens* monetários encontram-se denominados em unidades monetárias distintas (por exemplo, *bitcoin (BTC)*, *ether (ETH)*, etc.). Não obstante, a enorme volatilidade destes ativos (no caso específico dos *unbacked cryptoassets*) não permite estabelecer um padrão de medida do valor dos bens, nem de quantificação de obrigações pecuniárias[129][130][131], para tal é necessária uma maior estabilização de preços. É aqui que entram os *asset-referenced tokens* e os *e-money tokens (stablecoins)*, estes criptoativos, conforme mencio-

[127] Cf. GHIRARDI, Maria do Carmo Garcez Ghirardi, "*Criptomoedas*", 2020, p. 49; ANTUNES, *op. cit.*, 2021b, p. 201.

[128] Em Portugal já existem vários estabelecimentos que aceitam criptoativos como forma de pagamento, para uma lista completa consultar: https://coinmap.org/view/#/world/39.30029919/-11.20605469/5.

[129] A 18 de junho de 2022, a *bitcoin* estava abaixo dos 20 mil dólares, tendo uma queda de 70% comparativamente ao outono do ano anterior. Acessível em: https://www.publico.pt/2022/06/18/economia/noticia/valor-bitcoin-desaba-meio-derrocada-criptomoedas-2010489. (consultado a 28 de setembro de 2022).

[130] Cf. GHIRARDI, *op. cit.*, 2020, p. 56; International Monetary Fund, *op. cit.*, 2022b, p. 11.

[131] Em sentido contrário, DUARTE, *op. cit.*, 2018, p. 378; ANTUNES, *op. cit.*, 2021b, p. 202.

nado supra, através de mecanismos de estabilização, minimizam o problema de volatilidade dos *unbacked cryptoassets*. Com efeito, no caso específico das *stablecoins*, podemos afirmar que desempenham a função de unidade de conta.

Já quanto à função de *reserva de valor*, os criptoativos podem ser um repositório de poder de compra para o futuro da mesma forma que outros ativos o são (por exemplo, ações, obrigações, imóveis). Com efeito, atendendo à enorme volatilidade de preços da maioria dos *tokens* monetários, estes são, mais provavelmente, usados como forma de investimento especulativo do que como meio de pagamento. De facto, no seio da comunidade, os utilizadores são encorajados a fazer HODL[132] (acrónimo de Hold On for Dear Life), um processo que consiste em não vender os criptoativos, aumentando assim o seu preço e a sua utilidade como instrumento especulativo. Contudo, não existindo uma estabilidade valorativa, esta função só é suscetível de ser cumprida num plano abstrato, se a cotação do valor de mercado pode, frequentemente, oscilar de forma positiva ou negativa, não se pode inferir que represente um repositório de poder de compra para o futuro. Mais, o facto de não serem totalmente convertíveis, apresentando, assim, problemas de liquidez, torna-os insuscetíveis de funcionarem plenamente como uma reserva de valor. Não obstante, voltamos a fazer a ressalva das *stablecois*, neste caso em concreto,

[132] Cf. International Monetary Fund, *op. cit.*, 2022b, p. 11.

estes *tokens* têm uma função de reserva de valor semelhante à das moedas fiduciárias[133].

Todavia, o aqui exposto não significa que os criptoativos constituam moeda em sentido jurídico[134]. Com efeito, o baixo volume de transações não nos permite observar que sejam um meio de pagamento universalmente aceite, a sua pouca liquidez e significativa volatilidade não os permitem funcionar como unidade de conta e reserva de valor, não assumindo assim, em pleno, as funções monetárias. Mesmo no caso específico das *stablecoins*, estamos ainda no plano do curso convencional, não tendo estes *tokens* curso legal[135], ou seja, "*não constituem um meio de cumprimento de obrigações pecuniárias dotado de aceitação obrigatória e poder liberatório*"[136].

De facto, não existe na nossa Ordem Jurídica, qualquer norma que atribua aos criptoativos o estatuto de

[133] Cf. GHIRARDI, *op. cit.*, 2020, p. 49; ANTUNES, *op. cit.*, 2021b, pp. 201-205.

[134] Com a exceção de El Salavdor que, no dia 7 de setembro de 2021, tornou-se, oficialmente, a primeira jurisdição a adotar a *bitcoin* como moeda com curso legal, Cf. GÓRJON, Sergio "The Role of Cryptoassets ss Legal Tender: The Example of El Salvador", in Analytical Articles, Economic Bulletin, Banco de España, 2021.

[135] De acordo com o Banco de Portugal "Os ativos virtuais não têm curso legal em Portugal, pelo que a sua aceitação pelo valor nominal não é obrigatória", acessível em: https://www.bportugal.pt/page/moedas-virtuais.

[136] Cf. ANTUNES, *op. cit.*, 2021b, p. 217.

moeda fiduciária ou estatuto jurídico de moeda[137]. Contudo, afirmamos que alguns criptoativos podem assumir as funções de moeda em sentido económico, a Doutrina nacional foca-se, maioritariamente, na análise dos *unbacked cryptoassets* (*bitcoin*,*ether*,*ripple*,etc.) deixando de fora as *stablecoins*. Como deixámos claro, estas podem assumir as tradicionais funções monetárias, não tendo, no entanto, curso legal.

[137] Pelo contrário, apenas existe legislação a afirmar o oposto, mais concretamente, o disposto na alínea w) do artigo 2.º do Regime Jurídico dos Serviços de Pagamento e da Moeda Eletrónica, que define fundos como *"notas de banco e moedas, moeda escritural ou moeda eletrónica"*, e o disposto na alínea ll) do artigo 2.º da Lei n.º 83/2017, de 18 de agosto, que estabelece Medidas de Combate ao Branqueamento de Capitais e ao Financiamento do Terrorismo, que define ativos virtuais como *"a representação digital de valor que não esteja necessariamente ligada a uma moeda legalmente estabelecida e que não possua o estatuto jurídico de moeda fiduciária, valor mobiliário ou outro instrumento financeiro, mas que é aceite por pessoas singulares ou coletivas como meio de troca ou de investimento e que pode ser transferida, armazenada e comercializada por via eletrónica"* (sublinhado nosso).

4. Visão geral do ecossistema de transações com criptoativos

Conforme o exposto no primeiro capítulo, quando um utilizador executa uma transação para um endereço, o valor despendido designa-se de *input* e o valor "depositado" de *output*. No entanto, para "enviar e receber"[138] *tokens*, num sistema *blockchain* é necessário adquirir um *software*, tipicamente designado de carteira virtual (*wallet*), que o permita[139]. Embora a denominação "carteira" transmita a ideia de que os *tokens* têm uma representação digital dentro da mesma[140], relembramos que estamos no âmbito da tecnologia *blockchain* e, como explicado *supra*, toda a informação encontra-se armazenada nos blocos.

As carteiras virtuais têm como objetivo armazenar chaves públicas e privadas e desempenhar outras funções como, por exemplo, calcular o número de criptoativos que o utilizador detém. O sistema *blockchain* utiliza o que se chama de *asymmetric-key encryption*[141],nesta forma de encriptação (diferentemente da encriptação simétrica) a chave de encriptação e a chave de desencriptação são diferentes e

[138] Usamos a terminologia "enviar" e "receber" para facilidade de exposição. Contudo, o *software* limita-se a comunicar à rede a intenção de transação, o que, subsequentemente, irá gerar uma nova informação relativa àquele endereço no bloco que for posteriormente adicionado.

[139] Cf. RAMALHO, IGREJAS MATOS, *op. cit.*, 2020, p. 79.

[140] Cf. GHIRARDI, *op. cit.*, 2020, p. 39.

[141] Cf. YAGA, MELL, ROBY, SCARFONE, *op. cit.*, 2018, p. 11.

denominam-se de chave pública e chave privada, respetivamente.

Neste contexto, e em termos genéricos, este par de chaves consiste numa chave privada e numa chave pública que deriva da chave privada (o endereço do beneficiário é gerado a partir da chave pública). Estas chaves estão matematicamente ligadas entre si, no entanto não é possível derivar da chave pública, uma chave privada, apenas o contrário é possível. O número da chave privada é aleatório e a chave pública é gerada encriptando a chave privada. Por fim, é usada uma função *hash* para gerar um endereço através da chave pública[142].

A chave pública irá funcionar como o endereço do utilizador, uma espécie de NIB/IBAN, e a chave privada como forma de provar a autenticidade do ordenante. Assim, chaves públicas podem ser partilhadas com qualquer pessoa (da mesma forma que o NIB/IBAN), enquanto as chaves privadas devem ser mantidas num lugar seguro, caso contrário, a pessoa que a detém terá acesso aos criptoativos pertencentes a essa carteira virtual (da mesma forma que se fornecermos a alguém os códigos de acesso à nossa conta bancária, essa pessoa terá acesso aos nossos fundos)[143].

142 Cf. ZHAI, Sheping, YANG, Yuanyuan, LI, Jing, QIU, Cheng, ZHAO, Jiangming, *"Research on the Application of Cryptography on the Blockchain"*, 2019, p.6.; YAGA, MELL, ROBY, SCARFONE, *op. cit.*, 2018, p. 11.

143 Cf. RAMALHO, IGREJAS MATOS, *op. cit.*, 2020, p. 79.

Para tentarmos compreender uma transação, imaginemos que A quer enviar 2BTC a B, para que tal seja possível, A irá encriptar a transação com a sua própria chave privada e com a chave pública de B. Uma vez que esta deriva da chave privada de B, apenas B conseguirá desencriptar a informação com a sua chave privada, de seguida, usando a chave pública de A, conseguirá confirmar que a transação originou de A (assinatura digital), uma vez que apenas a chave pública de A conseguiria desencriptar algo encriptado pela chave privada de A (Ver Figura 8).

Figura 8 – Exemplo de uma transação e respetiva assinatura digital[144]

No que concerne a carteiras virtuais, podemos dividi-las em duas categorias: *hot wallets* e *cold wallets.*

144 Acessível em: https://www.coincover.com/post/how-are-bitcoins--traded-and-what-is-a-wallet-signature (consultado a 2 de outubro de 2022).

As *hot wallets* são aquelas que se encontram armazenadas numa plataforma *online* e são a forma mais simples de carteiras virtuais[145]. Uma vez que armazenam as chaves dentro do *software*, têm um baixo nível de segurança, ou seja, caso a carteira seja comprometida, outrem terá acesso direto à mesma, como se do titular se tratasse. Estando conectadas à internet, são suscetíveis de ataques de *hackers* que, consequentemente, conseguem aceder aos criptoativos armazenados[146]. Podemos, ainda, subdividir estas carteiras virtuais em: *web wallets, mobile wallets, desktop wallets* e *multisignature wallets*[147]. Outra especificidade das

145 Exemplo de uma *hot wallet* é a fornecida pela *coin base*, acessível em: https://www.coinbase.com/pt-PT/wallet/.

146 Cf. Chartered Professional Accountants of Canada, "*Transacting in Crypto-assets: Management Considerations and Controls for Small and Medium-sized Enterprises*", 2019, p. 11; JOKIĆ, Stevo, CVETKOVIĆ, Aleksandar Sandro, ADAMOVIĆ, Saša, RISTIĆ, Nenad, SPALEVIĆ, Petar, "*Comparative Analysis of Cryptocurrency Wallets Vs Traditional Wallets*", in ЕКОНОМИКА Vol. 65, july-september 2019, N.º 3, p. 67; BOSI, Filippo, CAPPELLETTI, Michele, RAVAGLI, Guido, MANZONI, Lorenzo, MONTI, Stefano, PAGLIARA, Emanuele, "*Warm Wallets: A Safer Design to Achieve Business Automation for Blockchain Based Services*" *in INTERNET 2018 : The Tenth International Conference on Evolving Internet*, 2018, p. 39.

147 *Web wallets* são fornecidas por uma entidade terceira onde se encontram armazenadas as chaves; as *mobile wallets* são em tudo semelhantes às *web wallets* sendo que a diferença reside no facto de serem utilizadas em dispositivos móveis e com uma API (*Application Programming Interface*) dedicada para o efeito; *Desktop wallets*, usam encriptação para manterem as chaves seguras no disco rígido do computador; as *multisignature wallets* são desenhadas para utilizarem várias chaves privadas para assinar uma transação, o que as torna mais seguras.

hot wallets, é que podem ser *custodial* ou *non-custodial*, na primeira modalidade, uma entidade terceira é responsável por armazenar as chaves privadas do utilizador, utilizando-as para iniciar transações em seu nome. Na segunda modalidade, o único responsável pelas chaves privadas é o seu titular.

As *cold wallets* são aquelas que não dependem de uma ligação à internet para operarem (por exemplo, *pen drives*) e a opção mais acertada para quem pretende um nível de segurança superior. De facto, e uma vez que a única forma de comunicar com a *blockchain* é através da internet, e estando estas *offline*, as *cold wallets* são altamente seguras e impermeáveis a ataques de *hackers*. Este género de carteiras virtuais foram desenhadas de forma a manter as chaves privadas num dispositivo físico que se encontra desconectado da internet, que, normalmente, tem uma interface de comunicação com a *blockchain*, para permitir a assinatura das transações. Existem diferentes tipos de *cold wallets*, sendo que as suas categorias, tradicionalmente, se traduzem em: *Hardware wallets* e *paper wallets*[148].

Hardware wallets dependem de dispositivos dedicados para armazenar as chaves privadas dos seus titulares e assinarem as transações. As *paper wallets* são folhas de papel impressas com versões das

Cf. Chartered Professional Accountants of Canada, *op. cit.*, 2019, p. 11; JOKIĆ,*et al*, *op. cit.*, 2019, p. 67; JOKIĆ,*et al*, *op. cit.*, 2019, p. 39.

148 Cf. JOKIĆ, *et al*, *op. cit.*, 2019, p. 67; JOKIĆ, *et al*, *op. cit.*, 2019, p. 39.

chaves públicas e privadas, em formato de código QR (*Quick Response*)[149].

[149] Cf. JOKIĆ, *et al*, *op. cit.*, 2019, p. 67; RAMALHO, IGREJAS MATOS, *op. cit.*, 2020, p. 80.

CAPÍTULO TERCEIRO
CIBERCRIME

1. Enquadramento

A discussão pública à volta dos criptoativos menciona, frequentemente, o seu uso na prática de atividades criminosas. Desde o lançamento da *bitcoin*, os criptoativos têm sido alvo de críticas por, alegadamente, serem facilitadores do crime financeiro, nomeadamente, do branqueamento de capitais. Como veremos neste capítulo, as práticas criminosas à volta dos criptoativos não se cingem ao branqueamento de capitais, tendo um espectro muito mais abrangente. De facto, este ativo facilita a prática de outros crimes, que podem variar desde o *ransomware* ao tráfico de estupefacientes. A sua natureza anónima e descentralizada tornou-os num ativo de eleição para transações ilegais no mercado negro que, na maioria dos casos, não deixam rasto.

Neste contexto, cumpre-nos revisitar o conceito de cibercrime por forma a compreendermos o impacto dos criptoativos na prática de atividades criminosas em ambiente digital. Assim, a COMISSÃO EUROPEIA define cibercrime como "*os atos criminosos praticados com recurso a redes de comunicações eletrónicas e sistemas de informação ou contra este tipo de redes e sistemas*"[150] e aplica-o a três categorias de atividades criminosas: formas tradicionais de criminalidade no contexto de cibercrime, ou seja, cometidos em redes de comunicações eletrónicas e sistemas de informação; a segunda, a publicação de conteúdos ilícitos em meios de comunicação eletrónicos; e a terceira, a crimes exclusivos das redes eletrónicas[151].Com efeito, a Comissão Europeia adota uma definição de cibercrime em sentido amplo[152]. Nesta senda, seguimos de perto o conceito de cibercrime apresentado

[150] Cf. Comissão Europeia, Comunicação da Comissão ao Parlamento Europeu, ao Conselho e ao Comité das Regiões *"Rumo a uma política geral de luta contra o cibercrime"*, {SEC (2007) 641} {SEC (2007) 642}, 2007, p. 2.

[151] Cf. Comissão Europeia, Comunicação da Comissão ao Parlamento Europeu, ao Conselho e ao Comité das Regiões *"Rumo a uma política geral de luta contra o cibercrime"*, {SEC (2007) 641} {SEC (2007) 642}, 2007, p. 2.

[152] Por oposição, o sentido estrito de cibercrime engloba apenas os factos tipificados na lei como criminalidade informática, para uma leitura mais atenta sobre este conceito vd.: VERDELHO, Pedro, "Cibercrime", in Direito da Sociedade da Informação, IV, 2003; p. 233; ASCENSÃO, José de Oliveira, "Criminalidade informática" *in* Direito da Sociedade da Informação, II, pp. 203-204.

por DUARTE RODRIGUES NUNES, para o autor o cibercrime é definido como *"o facto tipificado na lei como crime que é praticado através da utilização de um sistema informático – na aceção do art. 2.º, al. A), da Lei 109/2009 – ou em que o sistema informático é o objeto da ação, ainda que como alvo simbólico, ou dito de outro modo, o facto tipificado na lei como crime em que o sistema informático é objeto ou instrumento do crime ou cujo cometimento está significativamente ligado à utilização de um sistema informático"*[153].

Contudo, e para facilidade de exposição, iremos adotar duas expressões que visam auxiliar a compreensão deste conceito: *cyber-dependent crime* e *cyber-enabled crime.* A primeira refere-se aos tipos de crimes que só podem ser cometidos com recurso a sistemas informáticos (por exemplo, acesso ilegítimo). Já a segunda, refere-se a qualquer tipo de crimes que lesem bens jurídicos tradicionais, mas que sejam praticados com recurso a sistemas informáticos[154].

Esta distinção ser-nos-á útil nas páginas que se seguem para conseguirmos demonstrar o papel que os criptoativos desempenham nas mais variadas atividades criminosas praticadas em ambiente digital.

A preocupação demonstrada por diferentes autoridades de várias jurisdições relativamente aos criptoativos, deu origem à mais diversa legislação, numa tentativa de mitigar o incremento de risco associado

[153] Cf. NUNES, Duarte Rodrigues, "Os crimes previstos na Lei do Cibercrime", 2020, p. 39.

[154] Cf. Home Office *"Cyber crime: A review of the evidence"*, 2013, p. 5; NUNES, *op. cit.*, 2020, p. 36.

ao branqueamento de capitais e financiamento do terrorismo que estes ativos comportam.

Assim, neste capítulo, abordaremos o fenómeno do branqueamento de capitais com recurso a criptoativos, faremos uma excursão pelas mais recentes formas de branqueamento, usando como exemplos alguns dos crimes precedentes que o acompanham como, por exemplo, o tráfico de estupefacientes e terminaremos com a análise do *cyber-dependent crime* mais paradigmático na utilização de criptoativos, o *ransomware*.

2. Branqueamento de Capitais

O fenómeno do branqueamento de capitais não é recente, podemos rastrear a sua prática até à idade média, quando a Igreja Católica baniu a usura e a tornou, não apenas um crime, mas um pecado mortal. Assim, mercadores e mutuantes, ao receberem dinheiro de juros, realizavam uma série de práticas que antecipavam as modernas técnicas de branqueamento de capitais[155]. Nos anos sessenta, o branqueamento de capitais começa a ser associado ao tráfico de estupefacientes, atividade que movimenta quantidades avultadas de dinheiro, ganhando, assim, relevância jurídico penal. Algo que não acontecia

[155] Cf. United Nations Office for Drug Control and Crime Prevention, "*Financial Heavens, Banking Secrecy and Money Launderinf*", 1998, p. 3.

anteriormente, era entendimento da época que os meios de tutela tradicionais eram suficientes, já que a prática não estava associada a grandes somas de dinheiro[156].

Atualmente, para além de um crime tipificado no ordenamento jurídico português[157], temos um sistema internacional de repressão e prevenção do branqueamento de capitais.

Tradicionalmente descrito como um processo destinado a um certo fim, e não como um conjunto de condutas concretas, o branqueamento de capitais[158] pode ser definido como "*um processo, mais ou menos complexo, mediante o qual se pretende ocultar a origem ilícita de determinados bens, tendo em vista a sua introdução no mercado lícito*"[159].

156 Cf. PINHEIRO, Luís Goes, "O branqueamento de capitais e a globalização (Facilidades na reciclagem, obstáculos à repressão e algumas propostas de política criminal)" in *Revista Portuguesa de Ciência Criminal (RPCC)*, Ano 12, n.º 4, 2002, pp. 604-605; FARINHA, Michaela, "*Crime de Branqueamento a questão do Dolo Eventual. A relevância da teoria da cegueira deliberada*", in *Revista Portuguesa de Ciência Criminal (RPCC)*, Ano 27, n.º 2, 2017, p. 308.

157 Conforme o disposto no artigo 368-A do Código Penal.

158 A título de curiosidade, a expressão em inglês "*Money Laundering*" teve origem nos Estados Unidos da América, as organizações criminosas recorriam a negócios de lavandaria para "lavar" o dinheiro proveniente de atividades ilícitas. Cf. SATULA, Benja, "*Branqueamento de Capitais*", 2010, p. 17.

159 Cf. GODINHO, Jorge Alexandre Fernandes, "*Do Crime de «Branqueamento» de Capitais, Introdução e Tipicidade*", 2001, p. 13; Definição de PINHEIRO, *op. cit.*, 2002, p. 603.

O crime de branqueamento encontra-se previsto no artigo 368-A do CP, inserido no Capítulo III, dos crimes contra a realização da justiça, do Título V, da Parte Especial. O bem jurídico tutelado por esta incriminação tem sido alvo de várias teses, sendo que existem conceções monistas, no sentido em que apenas um bem jurídico é tutelado por esta incriminação, em que muitos autores, bem como o legislador, apontam para a *administração da justiça* como o alvo da incriminação e a consequente pretensão do estado ao confisco das vantagens do crime[160]. Há, ainda, quem defenda uma conceção pluralista, ou seja, o tipo incriminador visa tutelar mais do que um bem jurídico, neste sentido VITALINO CANAS defende que "*o branqueamento de capitais é um crime pluriofensivo cuja tipificação visa a tutela de uma multiplicidade de bens jurídicos. Pela natureza transnacional, volumosa e altamente organizada que o fenómeno do branqueamento adquiriu, pode dizer-se que os bens protegidos são, à cabeça, o funcionamento dos sistemas políticos e dos sistemas económico-financeiros global e de cada Estado.*"[161]. Neste contexto, seguimos a posição dos autores que defendem que o bem jurídico tutelado por esta incriminação é a *administração da justiça* e a consequente pretensão do estado ao confisco das vantagens do crime, numa

[160] Cf. GODINHO, *op. cit.*, 2001, p. 140. Na esteira de Jorge Godinho, FARINHA, *op. cit.*, 2017, p. 325.

[161] Cf. CANAS, Vitalino, "*O crime de branqueamento: Regime de prevenção e de repressão*", 2004, p. 19.

lógica de que esta tipificação radica no princípio jurídico *"o crime não compensa"*[162].

É um crime de conexão, ou seja, pressupõe que tenha sido praticado um facto ilícito típico anterior[163](crime precedente). Não estamos perante um crime de dano, mas sim de perigo, na medida em que a realização do tipo não pressupõe a lesão, mas a mera colocação em perigo do bem jurídico tutelado e, mais concretamente, um crime de perigo abstrato, ou seja, o perigo não é elemento do tipo, mas apenas motivo da proibição[164]. Por fim, estamos perante um crime de mera atividade, isto é, a consumação do crime verifica-se apenas pela mera execução de um comportamento, independentemente da verificação (ou não) de um resultado[165].

Com efeito, e tendo em conta que no presente texto não se pretende fazer um exaustivo estudo terminológico e fenomenológico do tipo legal que aqui se apresenta, em todo o caso ensaiado por diversos autores[166], iremos analisar de forma detalhada as fases que compõem o branqueamento.

162 Cf. GODINHO, *op. cit.*, 2001, pp. 142-143; FARINHA, *op. cit.*, 2017, p. 325.

163 Cf. CANAS, *op. cit.*, 2004, p. 14.

164 Cf. DIAS, Figueiredo, *"Direito Penal, Parte Geral, Tomo I"*, 3.ª ed., 2019, p. 360.

165 Cf. CANAS, *op. cit.*, 2004, p. 20.

166 Para uma análise exaustiva sobre o tema ver, entre outros, GODINHO, *op. cit.*, 2001; CANAS, *op. cit.*, 2004, ASCENSÃO, José de Oliveira, *"Branqueamento de capitais reação criminal"*, 1999, PINHEIRO, *op. cit.*, 2002; SATULA, *op. cit.*, 2010.

Assim, tradicionalmente, este processo é composto por três fases: colocação (*placement*), circulação (*layering*) e integração (*integration*)[167].

A fase da colocação (*placement*), tem como objetivo a introdução no sistema financeiro de vantagens obtidas ilicitamente, com o intuito de as converter em outro meio, preferencialmente anónimo (por exemplo, transferência para contas bancárias anónimas), por forma a dificultar reconstruir a ligação entre a sua origem (crime precedente) e os respetivos beneficiários[168]. Tendencialmente, os capitais aqui envolvidos traduzem-se em quantias em numerário, especialmente quando se tratam de grandes volumes de notas, o intuito será converter este bem noutro mais manuseável[169]. Assim, esta fase do branqueamento só fará sentido quando exista numerário que necessite ser convertido, se "*um funcionário de um banco, iludindo todos os controlos internos, consegue desviar fundos do banco, desviando-os por via eletrónica para outro país, não caberá falar em placement, dado*

[167] Seguindo a orientação do GAFI, disponível em: https://www.fatf-gafi.org/faq/moneylaundering/ (consultado a 2 de outubro de 2022); Cf. BRAGUÊS, José Luís, "*O Processo de Branqueamento de Capitais*", in *Working Papers* 02, Observatório de Economia e Gestão de Fraude, 2009, p. 9.

[168] Cf. BRAGUÊS, *op. cit.*, 2009, p. 11; GODINHO, *op. cit.*, 2001, pp. 39-40; FARINHA, *op. cit.*, 2017, p. 310; CANAS, *op. cit.*, 2004, p. 21; Acórdão do Supremo Tribunal de Justiça de 5 de novembro de 2014, processo n.º 14/07.0TRLSB, relator: Raul Borges, p. 3015.

[169] Cf. GODINHO, *op. cit.*, 2001, pp. 39-40.

que os fundos já se encontram no sistema financeiro"[170] (sublinhado nosso).

A segunda fase, a circulação *(layering)*, visa a realização de múltiplas transações por forma a interromper o *"paper-trail"*, como a designação em inglês assim o sugere, este processo tem em vista criar várias camadas, por exemplo, sucessivas transferências para outras contas, de preferência noutras jurisdições, com vista a dissimular a origem dos fundos[171]. Esta fase do processo faz-se, normalmente, com recurso a instituições financeiras providas de regras de sigilo bancário mais robustas.

A terceira e última fase, a integração (*integration*), destina-se a dar uma aparência de licitude às vantagens obtidas ilicitamente. Nesta fase, os fundos já se encontram "lavados" e o objetivo é investi-los em várias operações económicas (por exemplo, compra de imóveis), com o intuito de os introduzir na economia legal[172]. Opinião predominante na Doutrina, é que esta fase já não integra efetivamente o branqueamento de capitais[173], já não está em causa a dissimulação da origem das vantagens obtidas ilicitamente,

170 Exemplo de GODINHO, *op. cit.*, 2001, p. 40.

171 Cf. BRAGUÊS, *op. cit.*, 2009, p. 13; GODINHO, *op. cit.*, 2001, p. 41.

172 *Ibidem*, p. 16; *ibidem*, p. 41; FARINHA, *op. cit.*, 2017, p. 21; Acórdão do Supremo Tribunal de Justiça de 5 de novembro de 2014, processo n.º 14/07.0TRLSB, relator: Raul Borges, p. 3017-3019.

173 Cf. CANAS, *op. cit.*, 2004, p. 22; GODINHO, *op. cit.*, 2001, p. 41.

mas apenas a sua integração no sistema económico, procurando-se, assim, um título legitimador.

De seguida, iremos analisar os mais recentes esquemas de branqueamento de capitais com recurso a criptoativos.

2.1. Prestadores de Serviços de Criptoativos

Os prestadores de serviços de criptoativos providenciam a liquidez necessária ao mercado dos criptoativos, funcionando como porta de entrada para troca entre criptoativos e moeda fiduciária e vice-versa. Desta forma, estes prestadores de serviços surgem como uma figura de destaque na prevenção e controlo do branqueamento de capitais.

Os perigos associados aos criptoativos e às suas plataformas são uma preocupação do GAFI desde 2010[174], mas a primeira vez que divulga um relatório onde identifica os principais riscos associados a estes ativos no que concerne a branqueamento de capitais é em 2014[175]. Em 2015, emite uma orientação onde dá enfoque aos prestadores de serviços de câmbio

[174] Cf. RAMALHO, IGREJAS MATOS, *op. cit.*, 2020, p. 96.

[175] Cf. FATF, " *Virtual Currencies Key Definitions and Potential AML/CFT Risks*", 2014, pp. 9-11, acessível em: https://www.fatf-gafi.org/media/fatf/documents/reports/virtual-currency-key-definitions-and-potential-aml-cft-risks.pdf (consultado a 5 de outubro de 2022); RAMALHO, IGREJAS MATOS, 2020, p. 96.; BRITO, João Rodrigues, "*Da sujeição dos Virtual Asset Service Providers ao Cumprimento de Deveres de Prevenção do Branqueamento de Capitais*", in Novos Desafios da Prova Penal, 2020, p. 388.

de moedas virtuais[176] convertíveis, (ou seja, criptoativos que podem ser convertidos em moeda fiduciária e vice-versa) considerando-os como plataformas que devem ser sujeitas a medidas de prevenção e controlo do branqueamento de capitais[177]. Mais tarde, o GAFI, através da publicação da nota interpretativa da Recomendação 15, apresenta dois novos conceitos: ativos virtuais[178] e prestadores de serviços de ativos virtuais[179] (VASP's). Em 2018, é aprovada a Diretiva

[176] Expressão utilizada no relatório.

[177] Cf. FATF, "*Guidance for A Risk-Based Approach to Virtual Currencies*", 2015, p. 3, acessível em: https://www.fatf-gafi.org/media/fatf/documents/reports/Guidance-RBA-Virtual-Currencies.pdf (consultado a 5 de outubro de 2022); RAMALHO, IGREJAS MATOS,*op. cit.*, 2020, p. 96; BRITO, *op. cit.*, 2020, p. 388.

[178] *"Representação digital de valor que pode ser negociado digitalmente, ou transferido, podendo ser utilizado para fins de pagamento ou investimento. Ativos virtuais não incluem representações digitais de moedas fiduciárias, títulos e outros ativos financeiros que já estão cobertos em outras partes das Recomendações do GAFI."* (Tradução nossa), Cf. FATF, "*International Standards on Combating Money Laundering and the Financing ff Terrorism & Proliferation the Fatf Recommendations Adopted by the Fatf Plenary in February 2012*", 2022, p. 132.

[179] "*Qualquer pessoa singular ou coletiva que, não estando coberta em outras partes das Recomendações, profissionalmente levem a cabo uma ou mais das seguintes atividades, em seu nome ou por conta de outrem: (i.) câmbio entre ativos virtuais e moeda fiduciária; (ii.) câmbio entre um ou mais tipos de ativos virtuais; (iii.) transferência de ativos virtuais; (iv.) custódia e/ou administração de ativos virtuais ou instrumentos que permitam o controlo de ativos virtuais; e (v) participação e prestação de serviços financeiros relacionados com a oferta e/ou venda de um ativo virtual por parte de um emissor.*" (tradução nossa). O GAFI explicita que por "transferência" se deve entender como uma transação em nome de outrem, onde se movimente ativos virtuais de

(UE) 2018/843 (AMLD5) que altera a Diretiva (UE) 2015/849 (AMLD4) que, entre outras alterações, vem incluir as definições de moeda virtual[180] e de prestador de serviços de custódia de carteiras[181]. Talvez a maior crítica às alterações introduzidas pela Diretiva (UE) 2018/843, foi o seu desfasamento face às Recomendações do GAFI. Com efeito, o conceito de moedas virtuais parece deixar de fora criptoativos que não assumam funções monetárias, apenas fazendo referências a criptoativos que sejam aceites como meio de troca. Mais, a AMLD5 exclui do seu âmbito de aplicação as plataformas de câmbio entre moedas virtuais (*crypto-to-crypto exchanges*), como também os chamados prestadores serviços de mistura (*mixers/tumblers*) que, muitas vezes, são utilizados para dissimular a origem de vantagens obtidas ilicitamente[182].

um endereço para outro. Cf. FATF, "*International Standards on Combating Money Laundering and the Financing ff Terrorism & Proliferation the Fatf Recommendations Adopted by the Fatf Plenary in February 2012*", 2022, p. 132.

180 "*Uma representação digital de valor que não seja emitida ou garantida por um banco central ou uma autoridade pública, que não esteja necessariamente ligada a uma moeda legalmente estabelecida e não possua o estatuto jurídico de moeda ou dinheiro, mas que é aceite por pessoas singulares ou coletivas como meio de troca e que pode possa ser transferida, armazenada e comercializada por via eletrónica*".

181 "*Uma entidade que presta serviços de salvaguarda de chaves criptográficas privadas em nome dos seus clientes, com vista a deter, armazenar e transferir moedas virtuais*".

182 Cf. RAMALHO, IGREJAS MATOS, *op. cit.*, 2020, p. 96; HAFFKE, L., FROMBERGER, M. & ZIMMERMANN, P., "*Cryptocurrencies and anti-money laundering: the shortcomings of the fifth AML Directive (EU)*

Em Portugal, a Lei n.º 58/2020, de 31 de agosto, transpôs para ordem jurídica interna as alterações previstas pela revisão levada a cabo pela Diretiva (UE) 2018/843 à Diretiva (UE) 2015/849, alterando a Lei n.º 83/2017, de 18 de agosto, que estabelece medidas de natureza preventiva e repressiva de combate ao branqueamento de capitais e ao financiamento do terrorismo. Com efeito, e diferentemente das definições adotadas pela AMLD5, a Lei portuguesa define ativos virtuais[183] como *"representação digital de valor que não esteja necessariamente ligada a uma moeda legalmente estabelecida e que não possua o estatuto jurídico de moeda fiduciária, valor mobiliário ou outro instrumento financeiro, mas que é aceite por pessoas singulares ou coletivas como meio de troca ou de investimento e que pode ser transferida, armazenada e comercializada por via eletrónica"* e atividades com ativos virtuais[184] como *"qualquer uma das seguintes atividades económicas, exercidas em nome ou por conta de um cliente: i) Serviços de troca entre ativos virtuais e moedas fiduciárias; ii) Serviços de troca entre um ou mais ativos virtuais; iii) Serviços por via dos quais um ativo virtual é movido de um endereço ou carteira (wallet)*

and how to address them", *in* Journal of Banking Regulation 21 (2), 2020, pp. 9-16.

183 Cf. o disposto na alínea ll) do artigo 2.º da Lei n.º 83/2017, de 18 de agosto, que estabelece Medidas de Combate ao Branqueamento de Capitais e ao Financiamento do Terrorismo.

184 Cf. o disposto na alínea mm) do artigo 2.º da Lei n.º 83/2017, de 18 de agosto, que estabelece Medidas de Combate ao Branqueamento de Capitais e ao Financiamento do Terrorismo.

para outro (transferência de ativos virtuais); iv) Serviços de guarda ou guarda e administração de ativos virtuais ou de instrumentos que permitam controlar, deter, armazenar ou transferir esses ativos, incluindo chaves criptográficas privadas.", seguindo, desta forma, as alterações às Recomendações do GAFI.

Como se pode constatar, apesar das alterações introduzidas pela AMLD5, estas ficaram aquém das Recomendações emanadas pelo GAFI. Assim, o leque de atividades com ativos virtuais do GAFI é mais amplo do que o AMLD5. No entanto, e tendo em conta que Portugal é membro do GAFI, encontra-se vinculado ao cumprimento das Recomendações, devendo implementá-las no seu ordenamento jurídico e garantir o seu cumprimento. Com efeito, Portugal foi além do disposto nas alterações introduzidas pela AMLD5, dando, como verificámos supra, cumprimento às Recomendações do GAFI[185].

Em julho de 2021, a Comissão aprovou um pacote legislativo em matéria de prevenção e combate ao branqueamento de capitais e financiamento do terrorismo[186], concretamente, e no que concerne a criptoativos, a proposta da Comissão visa substituir a Diretiva (UE) 2015/849 (AMLD4), alterada pela Diretiva (UE) 2018/843 (AMLD5) implementando a Diretiva do Parlamento Europeu e do Conselho rela-

185 Cf. BRITO, *op cit.*, 2020, p. 396-397.

186 Acessível em: https://finance.ec.europa.eu/publications/anti-money-laundering-and-countering-financing-terrorism-legislative-package_en (consultado a 20 de setembro de 2022).

tiva aos mecanismos a criar pelos Estados-Membros para prevenir a utilização do sistema financeiro para efeitos de branqueamento de capitais ou de financiamento do terrorismo (AMLD6)[187]. Esta proposta, entre outras medidas, adota o conceito de criptoativos e de serviço de criptoativos propostos pelo MiCAR. Assim, e nos termos do disposto artigo 2.º da Proposta de Diretiva do Parlamento Europeu e do Conselho relativa aos mecanismos a criar pelos Estados-Membros para prevenir a utilização do sistema financeiro para efeitos de branqueamento de capitais ou de financiamento do terrorismo e que revoga a Diretiva (UE) 2015/849 (AMLD6), aplicam-se as definições constantes na Proposta de Regulamento do Parlamento Europeu e do Conselho relativo à prevenção da utilização do sistema financeiro para efeitos de branqueamento de capitais ou de financiamento do terrorismo (COM/2021/420 final) que, por sua vez, nos termos do disposto do ponto 13), do n.º 1 do artigo 2º adota a definição de criptoativo proposta pelo MiCAR, ou seja, "*uma representação digital de um valor ou de um direito que pode ser transferida e armazenada eletronicamente, recorrendo à tecnologia de registo distribuído ou a outra tecnologia semelhante*" e nos termos do disposto do ponto 14), do n.º 1 do artigo 2º, a definição de prestador de serviços de criptoativos como "*uma pessoa coletiva ou outra empresa cuja*

[187] Acessível em: https://eur-lex.europa.eu/resource.html?uri=cellar:05758242-ead6-11eb-93a8-01aa75ed71a1.0002.02/DOC_1&format=PDF (consultado a 20 de setembro de 2022).

ocupação ou atividade económica seja a prestação de um ou mais serviços de criptoativos a clientes a título profissional e que está autorizada a prestar serviços de criptoativos"[188], sendo o conceito de serviços de criptoativos previsto no MiCAR definido como, "*qualquer um dos serviços e atividades enumerados abaixo, relacionados com qualquer criptoativo: (a) Custódia e administração de criptoativos em nome de clientes;*[189] *(b) Operação de uma plataforma de negociação de criptoativos;*[190] *(c) Troca de criptoativos por fundos;*[191] *(d) Troca de criptoativos por outros criptoativos;*[192] *(e) Execução de ordens relativas a criptoativos em nome de clientes;*[193] *(f) Colocação de cripto-*

188 Cf. o disposto no ponto 15, do n.º 1, do artigo 3.º do MiCAR.

189 A conservação ou controlo, em nome de clientes, de criptoativos ou dos meios de acesso a esses criptoativos, quando aplicável sob a forma de chaves criptográficas privadas.

190 A gestão de um ou mais sistemas multilaterais que reúnem ou permitem reunir, no sistema e nos termos das regras que o regem, múltiplos interesses de compra e venda de criptoativos de terceiros de uma forma que resulta num contrato, quer através da troca de criptoativos por fundos quer através da troca de criptoativos por outros criptoativos.

191 A celebração, com clientes, de contratos de compra ou venda relativos a criptoativos em troca de fundos (na aceção da alínea w) do artigo 2.º do RJSPME, recorrendo ao próprio capital).

192 A celebração, com clientes, de contratos de compra ou venda relativos a criptoativos em troca de outros criptoativos, recorrendo ao próprio capital.

193 A celebração de acordos, em nome de clientes, para comprar ou vender um ou mais criptoativos ou a subscrição, em nome de clientes, de um ou mais criptoativos, aí incluída a celebração de contratos de venda de criptoativos no momento da sua oferta pública ou admissão à negociação.

ativos;[194] *(g) Receção e transmissão de ordens relativas a criptoativos em nome de clientes*[195]*(h) Consultoria sobre criptoativos;*[196] *(i) Gestão de carteiras de criptoativos;;*[197] *(j) Serviços de transferência de criptoativos em nome de clientes."*[198]

Desta forma, pretende-se ter medidas de prevenção e controlo do branqueamento de capitais mais robustas, ficando salvaguardadas algumas das lacunas deixadas pela AMLD5.

Mais, ainda no âmbito do pacote legislativo em matéria de prevenção e combate ao branqueamento de capitais e financiamento do terrorismo os negociadores da Presidência do Conselho e do Parlamento Europeu alcançaram um acordo provisório sobre a atualização das regras relativas às informações que acompanham as transferências de fundos.

194 A comercialização de criptoativos junto de compradores, em nome ou por conta do oferente ou de uma parte relacionada com o oferente.

195 A receção de uma ordem de uma pessoa para comprar ou vender um ou mais criptoativos ou para subscrever um ou mais criptoativos e a transmissão dessa ordem a um terceiro para a sua execução.

196 Oferecer, dar ou concordar em dar aconselhamento personalizado a um cliente, a pedido do cliente ou por iniciativa do prestador de serviços de criptoativos que presta a consultoria, a respeito de uma ou mais transações relacionadas com criptoativos ou da utilização de serviços de criptoativos.

197 A gestão de carteiras com base em mandatos conferidos por clientes numa base individual e discricionária, sempre que essas carteiras incluam um ou mais criptoativos.

198 Os serviços de transferência, em nome de uma pessoa singular ou coletiva, de criptoativos de um endereço ou conta de registo distribuído para outro.

Com efeito, por via da alteração do Regulamento (UE) 2015/847, que passará a prever um conjunto de normas aplicáveis às entidades que exercem atividades com criptoativos para que estas façam acompanhar as transferências de criptoativos com informações referentes ao iniciante e ao beneficiário das transferências em questão *(travel rule)*, independentemente do montante dos criptoativos transacionados[199]. Prevê-se, ainda, que a aplicação deste Regulamento seja adotada ao mesmo tempo que o MiCAR.

Parece-nos, no entanto, que apesar dos esforços para mitigar o incremento de risco associado ao branqueamento de capitais e financiamento do terrorismo que estes ativos comportam, continua a ficar fora do âmbito de aplicação da AMLD6, a atividade de mineração, que é suscetível de facilitar a dissimulação da origem de vantagens obtidas ilicitamente[200].

[199] Acessível em: https://www.consilium.europa.eu/pt/press/press-releases/2022/06/29/anti-money-laundering-provisional-agreement-reached-on-transparency-of-crypto-asset-transfers/ (consultado a 20 de setembro de 2022).

[200] Cf. RAMALHO, IGREJAS MATOS, *op. cit.*, 2020, p. 100. Contudo, a recente inserção da definição de serviços de transferência de criptoativos em nome de clientes, prevista na alínea j), do ponto 16 do artigo 3.º do MiCAR, parece permitir que os prestadores de serviços de mistura caibam no âmbito de aplicação da AMLD6. De facto, os serviços de mistura (por exemplo, *CoinJoin*) aglomeram várias transações numa só e transferem-nas para os endereços que os seus utilizadores definiram previamente, ocultando, desta forma, a sua origem. Cf. https://academy.bit2me.com/pt/que-es-coinjoin/#%C2%BFComo_funciona_CoinJoin.

Contudo, e não obstante o acima exposto, estas medidas podem ser contornadas com recurso a prestadores de serviços de criptoativos não registados ou que não adotam medidas de prevenção e controlo de branqueamento de capitais.

2.1.1. O caso United States v. BTC-e

No dia 26 de julho de 2017, a *Financial Crimes Enforcement Network* (FinCen), em coordenação com o *U.S. Attorney's Office for the Northern District of California*, impôs uma coima contra a BTC-e e Alexander Vinnik no valor de 110 milhões de dólares e 12 milhões de dólares, respetivamente[201], por, voluntariamente, violarem leis de prevenção do branqueamento de capitais. A BTC-e era um prestador de serviços de criptoativos que operava na Bulgária, nas Ilhas Seychelles, e em outras jurisdições, incluindo o distrito norte da Califórnia, que permitia aos seus utilizadores comprar e vender *bitcoins* de forma anónima através do seu *website*. Desde a sua fundação, a BTC-e serviu, aproximadamente 700,000 utilizadores e era utilizada por cibercriminosos como uma das principais entidades para dissimular a origem de vantagens obtidas ilicitamente, convertendo criptoativos em moeda fiduciária, nomeadamente, Dólares, Euros e Rublos.

[201] Acessível em: https://www.fincen.gov/sites/default/files/2017-07/BTC-e%20July%2026%20Press%20Release%20FINAL1.pdf (consultado a 21 de setembro de 2022).

Para criar uma conta na BTC-e, um utilizador não necessitava de providenciar a mais básica das informações de identificação, a plataforma apenas pedia um nome de utilizador, uma *password* e um endereço de *e-mail*. Contrariamente a prestadores de serviços de criptoativos que adotam medidas de prevenção e controlo de branqueamento de capitais, a BTC-e não necessitava que os seus utilizadores validassem a sua identidade fornecendo documentos de identificação oficiais. O modelo de negócio desta plataforma assentava na anonimização das transações e da origem dos fundos. Com efeito, os utilizadores em vez de transferirem os fundos para a plataforma, transferiam-nos para uma sociedade que, apesar de não ter ligação à BTC-e, era controlada e operada para o benefício desta[202]. No mesmo sentido, os utilizadores da plataforma não podiam levantar os fundos através das suas contas, ao invés, era-lhes apenas possível fazê-lo através de outros prestadores de serviços de criptoativos, permitindo, desta forma, evitar que a BTC-e mantivesse registos das transações, ocultando, assim, o *paper-trail*. Esta plataforma recebeu vantagens ilícitas obtidas através de vários cibercrimes, incluindo vários incidentes de *hacking*, pagamentos de *ransom-*

[202] Cf. Case 3:19-cv-04281, UNITED STATES OF AMERICA v. BTC-e, a/k/a CANTON BUSINESS CORP., and ALEXANDER VINNIK, acessível em: https://www.justice.gov/d9/press-releases/attachments/2019/07/26/btc-e_filed_complaint_0.pdf (consultado a 21 de setembro de 2022).

ware, esquemas de roubo de identidade, peculato e distribuição de narcóticos.

Alexander Vinnik ocupava um cargo de gestão dentro da BTC-e e participava na direção e supervisão das operações. Com efeito, Vinnik tinha conhecimento que a BTC-e operava como uma empresa de branqueamento de capitais e não encetou nenhuma diligência no sentido de a registar junto da FinCEN, reportar transações suspeitas e, ainda, de implementar qualquer programa de prevenção de branqueamento de capitais. A sanção monetária imposta pela FinCEN teve por base a falta de registo da BTC-e como um Money *Services Business* (MSB), a falha de implementação de um programa de prevenção de branqueamento de capitais e a falha de reportar transações suspeitas. Um MSB, nos termos do disposto na alínea na secção 1010.100(ff), do Código das Regulações Federais "é qualquer pessoa ou entidade que recebe algo de valor de uma pessoa e o transmite, na mesma forma de valor ou noutra, para outra ou uma localização, por qualquer meio" (tradução nossa). Com efeito, um MSB deve registar-se junto da FinCEN até 180 dias depois de iniciar operações e renovar esse registo a cada 2 anos (de acordo com o disposto no ponto 1, da secção 5330 do Código dos Estados Unidos e da secção 1022.380 (b)(2) do Código das Regulações Federais). Um MSB localizado no estrangeiro que conduza operações nos Estados Unidos da América deve registar-se nos mesmo termos e, ainda, nomear um agente dentro dos Estados Unidos da América para assuntos relacionados com o *Bank Secrecy Act* (BSA) (de acordo com o disposto na secção 5330 do Código dos Estados Unidos e da secção 1022.380(a)(2) do Código das Regulações Federais). Quanto à falha de implementação de um programa de prevenção de branqueamento de capitais, de acordo com o BSA, uma MSB deve desenvolver, implementar e manter um programa de prevenção do branqueamento de capitais eficiente (cf. secção 5318(a)(2) e (h) do Código dos Estados Unidos e da secção 1022.210(a) do Código das Regulações Federais). Algo que não aconteceu em circunstância alguma, pelo contrário, a plataforma encorajava utilizadores envolvidos em atividades ilícitas a recorrer aos seus serviços. Por fim, o reporte de transações suspeitas deve ser feito de acordo com o disposto na secção 5318(g)(1) do Código dos Estados Unidos e da secção 1022.320(a)(2) do Código das Regulações Federais, algo que, tendo em conta a quantidade de atividades suspeitas presentes nas transações da BTC-e, nunca aconteceu. Mais, Vinnik executou, a título pessoal, transações referentes a vantagens obtidas ilicitamente com recurso à BTC-e.

Neste contexto, e para além da coima imposta pela FinCEN, a BTC-e e Vinnik, foram também sujeitos a processos de natureza criminal, o que levou à detenção de Vinnik na Grécia[203]. A BTC-e continua a ser

[203] Cf. Case n. º: CR-16-00227 SI UNITED STATES OF AMERICA v. BTC-e, a/k/a CANTON BUSINESS CORP., and ALEXANDER VINNIK, acessível em: https://www.justice.gov/d9/press-releases/

o exemplo mais notório de um prestador de serviços de criptoativos não registado, que operava em jurisdições de alto risco, facilitando, desta forma, atividades ilícitas.

O método mais comum de utilização, por parte de criminosos, de prestadores de serviços de criptoativos não registados ou em jurisdições de alto de risco é, tipicamente, feito da seguinte forma:

1. Um criminoso tem em sua posse criptoativos obtidos ilicitamente (por exemplo, pagamento de um *ransomware*) e necessita de lhes dar a aparência de vantagens obtidas licitamente;
2. Com efeito, cria uma conta num prestador de serviços de criptoativos não registado (por exemplo, a BTC-e), podendo, ainda, recorrer a prestadores de serviços de mistura (*mixers ou tumblers*). Como constatámos supra, pode fazê-lo de forma totalmente anónima ou com informações falsas, tendo em conta que não são necessários documentos de identificação oficiais;
3. De seguida, troca os seus criptoativos obtidos ilicitamente por moeda fiduciária ou outros criptoativos;
4. Por fim, basta que o prestador de serviços de criptoativos reencaminhe os fundos para a sua

attachments/2017/07/26/vinnik_superseding_indictment_redacted_0.pdf (consultado a 22 de setembro de 2022).

> conta bancária, onde estes terão uma aparência lícita, sendo difícil determinar a sua origem. Podendo, em alternativa, caso escolha trocar os criptoativos obtidos ilicitamente por outros criptoativos, movimentá-los para um prestador de serviços de criptoativos registado e com mecanismos de prevenção de branqueamento de capitais, onde estes terão uma aparência lícita[204].

Como podemos constatar, as características inerentes aos criptoativos, tornam o seu uso mais apelativo para o branqueamento de vantagens obtidas ilicitamente. De facto, as fases que constituem este processo (colocação, circulação e integração) tornam-se quase instantâneas com recurso a esta tecnologia. As principais características dos criptoativos que permitem um processo de branqueamento de capitais mais rápido, barato e discreto são a sua pseudonimização e o seu alcance global. No caso específico dos prestadores de serviços de criptoativos não registados e em jurisdições de alto risco, não sendo possível associar uma identidade a um endereço, rastrear a colocação, a circulação e a integração é extremamente difícil para as autoridades competentes. Estes ativos permitem que qualquer utilizador transfira fundos de forma praticamente instantânea, com barreiras de

[204] Cf. ELLIPTIC "Preventing *Financial Crime in Cryptoassets*", 2022, p. 12.

entrada muito baixas, permanecendo praticamente anónimo. A capacidade que os utilizadores têm de trocar criptoativos por moeda fiduciária ou outros criptoativos e executar operações para vários endereços para as dissimular, torna as medidas de prevenção de branqueamento de capitais de difícil aplicação[205].

Não obstante, desde 2017, cibercriminosos branquearam cerca de 33 biliões de dólares em criptoativos. Em termos de comparação, o *UN Office of Drugs and Crime* estima que entre 800 biliões e 2 triliões de dólares de moeda fiduciária são branqueados todos os anos. Assim, apenas 0.05% do volume das transações que envolvem criptoativos foram usadas para dissimular a origem de vantagens obtidas ilicitamente[206], sendo este um indicador de que a utilização de criptoativos no branqueamento de capitais, apesar de relevante, continua bastante inferior ao numerário.

2.1.2. Chain-Peeling e Chain-Hopping

Chain-Peeling e *Chain-Hopping* são técnicas de dissimulação da origem de vantagens obtidas ilicitamente que, tipicamente, são utilizadas na fase de circulação no processo de branqueamento de capitais. Assim, o *Chain-Peeling* consiste numa série de transações que

[205] Cf. RAMALHO, IGREJAS MATOS, *op. cit.*, 2020, p. 104.; CAMPBELL-VERDUYN, Malcolm *"Bitcoin, crypto-coins, and global anti-money laundering governance"*, 2018, p. 5.

[206] Cf. CHAINALYSIS, *"The 2022 Crypto Crime Report: Original data and research into cryptocurrency-based crime"*, 2022, p. 11.

originaram numa transação associada a um UTXO, com um valor alto como *input*. Quando este UTXO é gasto, cria dois *outputs*, um pequeno, que representa um pagamento a uma entidade externa e um grande, que representa o troco[207]. Este processo pode ser utilizado de forma lícita, como forma de repartir um UTXO com um valor alto, com o intuito de ter vários UTXO de valores mais reduzidos. No entanto, outra forma de aplicar esta técnica consiste no envio de uma pequena porção de criptoativos obtido de forma ilícita para o endereço de um prestador de serviços de criptoativos e, o remanescente, para um novo endereço. Este processo pode ser repetido várias vezes, produzindo várias transferências individuais para vários prestadores de serviços de criptoativos e para diferentes endereços. Se o procedimento for feito de forma correta, o prestador de serviços de criptoativos apenas conseguirá ver que foram executadas várias transações de pequeno montante, sendo que a ligação ao endereço original se mantém obscura[208].

Um caso notório em que foi utilizada esta técnica para dissimular a origem dos criptoativos obtidos ilicitamente, é o caso do *hack* da *Bithumb*. Em junho de 2018, o prestador de serviços de criptoativos sul-coreano *Bithumb* foi alvo de um *hack* que resultou na perda de criptoativos no valor de 30 milhões de

[207] Cf. KAPPOS, George, YOUSAF, Haaroon, STÜTZ, Rainer, ROLLET, Sofia, HASLHOFER, Bernhard, MEIKLEJOHN, Sarah *"How to Peel a Million: Validating and Expanding Bitcoin Clusters"*, 2022, p. 6.

[208] Cf. ELLIPTIC, *op. cit.*, 2022, p. 89.

dólares. Os cibercriminosos movimentaram os fundos para uma carteira virtual que continha mais de 70 endereços. Os fundos foram transferidos para um prestador de serviços de criptoativos com sede na Rússia, a *Yobit.* Com efeito, foi aplicada a técnica de *chain-peeling*, resultando num total de 68 transações (Ver Figura 9) para depositar 1,993 BTC[209].

Figura 9 – Exemplo de uma *chain-peeling*[210]

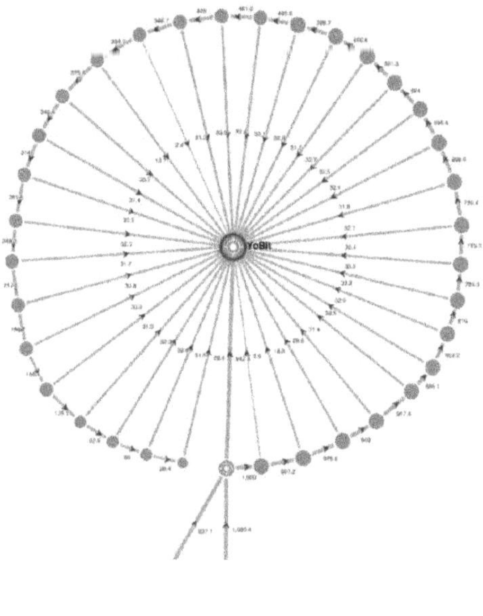

[209] *Ibidem*, p. 90.

[210] Acessível em: https://www.elliptic.co/resources/typologies-report-2022.

Chain-Hopping, refere-se ao processo de converter, de forma sucessiva, os criptoativos obtidos ilicitamente, noutro tipo de criptoativo (por exemplo, de *Bitcoin* para *Monero*). Consequentemente, isto fará com o que os fundos alternem de *blockchain* em *blockchain*, criando mais camadas no processo de circulação (*layering*), dissimulando, desta forma, a origem das vantagens obtidas ilicitamente[211].

Tipicamente, este tipo de técnica utiliza o ecossistema da *bitcoin*, uma vez que este é muito maior que o dos outros criptoativos, com mais prestadores de serviços de criptoativos dispostos a aceitar *bitcoin*. Assim, geralmente, é mais fácil executar transações com este ativo ao mesmo tempo que a probabilidade de passar despercebido é maior, atendendo ao elevado volume de transações.

Neste contexto, cibercriminosos não se cingem apenas a uma das técnicas referidas supra. Assim, tendencialmente, o processo de dissimulação de vantagens obtidas de forma ilícita é feito com recurso à combinação destas técnicas, dificultando ainda o rastreio da origem dos fundos (Ver Figura 10).

[211] Cf. Case 1:20-cv-02396, United States of America v. 280 Virtual Currency Accounts, 2020, p. 11. Acessível em: https://www.justice.gov/usao-dc/press-release/file/1310411/download.

Figura 10 – Exemplo do processo de *layering* com recurso às técnicas de *chain-peeling* e *chain-hopping*.[212]

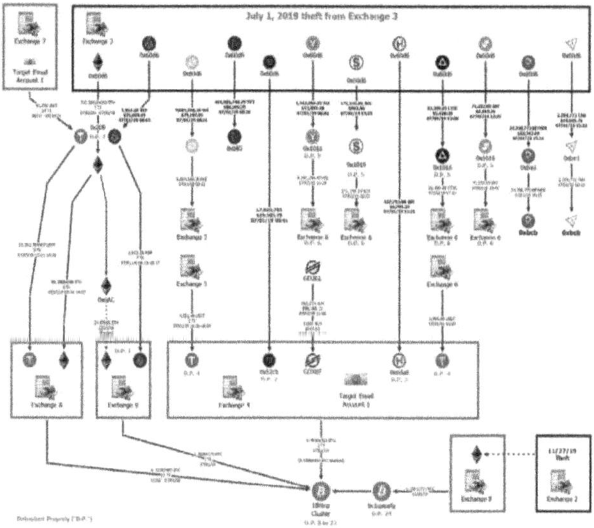

2.2. ATM's de Criptoativos

Os ATM's (*Automated Teller Machines*, vulgo Multibancos) de criptoativos providenciam um método fiável para converter rapidamente criptoativos em moeda fiduciária ou o contrário. Desta forma, oferecem uma forma rápida e simples de movimentar dinheiro para uma carteira virtual localizada noutro

[212] Acessível em: https://www.justice.gov/usao-dc/press-release/file/1310411/download.

local. Na maioria das jurisdições, estes ATM's[213] não são regulados, o que os torna atrativos para criminosos que pretendem trocar grandes somas de dinheiro por criptoativos. No caso específico de Portugal, estes ATM's estão registados junto do Banco de Portugal[214] ao abrigo do artigo 112º-A da Lei n.º 83/2017 como entidades que exercem atividades com ativos virtuais, mais concretamente, serviços de troca entre ativos virtuais e moedas fiduciárias (subalínea i), da alínea mm), do n.º 1, do artigo 2.º da Lei n.º 83/2017). No entanto, contrariamente ao que sucede em outras jurisdições, o depósito em numerário nestes ATM's com o intuito de comprar criptoativos, não está sujeito a qualquer tipo de verificação de identidade do depositante se este assim o desejar. Assim, muito embora estas entidades se encontrem reguladas e registadas junto da autoridade nacional competente, não impede o seu uso de forma ilícita, nomeadamente no branqueamento de vantagens obtidas ilicitamente.

Neste contexto, imaginemos o seguinte exemplo, os agentes A, B e C, depositam uma quantidade significativa de numerário obtido ilicitamente (por exemplo, tráfico de estupefacientes) em diversos ATM's

[213] Em Portugal existem 8 ATM's de criptoativos que apenas permitem efetuar depósitos, para a sua localização, consultar: https://coinatmradar.com/country/172/bitcoin-atm-portugal/.

[214] Para a lista das entidades registadas que exercem atividades com ativos virtuais, consultar: https://www.bportugal.pt/page/registo-de-entidades-que-exercem-atividades-com-ativos-virtuais.

de criptoativos. De seguida, a máquina irá solicitar o QR *code* do endereço para onde os fundos devem ser remetidos (em Portugal, é possível depositar até 900 euros por dia sem qualquer tipo de registo), nomeadamente, a carteira virtual de D (por exemplo, uma *cold wallet*, visto que estas não se encontram sujeitas a requisitos de *Know Your Client* (KYC), tendo em conta que não são operadas por uma entidade terceira), agente da rede criminosa, que se situa noutra jurisdição, que, posteriormente, irá trocar esses criptoativos por numerário num prestador de serviços de criptoativos não registado ou numa jurisdição de alto risco (por exemplo, o caso da BTC-e), fundos esses, que poderão, ainda, seguir o processo tradicional de branqueamento de capitais (*supra* ponto 2)[215].

Para além desta prática ser feita por agentes criminosos, existem também as chamadas *money mules*. Uma *money mule* é uma pessoa que recebe dinheiro de um terceiro na sua conta bancária e o transfere para outra pessoa ou efetua um levantamento para o entregar a outrem, obtendo, assim, uma comissão pela tarefa. Tipicamente, as pessoas envolvidas nesta atividade, são recrutadas através de ofertas de emprego que aparentam ser legítimas, de entre recém-chegados ao país, normalmente desempregados, estudantes e pessoas com dificuldades financeiras e com idades inferiores aos 35 anos[216]. Neste contexto, um

[215] Cf. ELLIPTIC, *op. cit.*, 2022, p. 42.

[216] Cf. https://www.europol.europa.eu/operations-services-and-innovation/public-awareness-and-prevention-guides/money-muling.

ou vários agentes criminosos que se encontrem na posse de moeda fiduciária obtida ilicitamente, de seguida, transferem esses fundos para contas bancárias pertencentes às *money mules*, estes efetuam o levantamento dos fundos em numerário e depositam-nos num ATM de criptoativos, os fundos são transferidos para uma carteira virtual de um membro da rede criminosa que, posteriormente, branqueia esses fundos utilizando os processos tradicionais de branqueamento de capitais[217]. Apesar desta metodologia ser comum, o Relatório Anual de Segurança Interna de 2021, além de não fazer referência a esta técnica, afirma que, não obstante o fenómeno de branqueamento de capitais relacionado com o cibercrime ter começado, em Portugal, por estar associado às *money mules*, nos últimos 3 anos o fenómeno desapareceu por completo. Assim, este é um indicador de que esta prática não é comum no nosso país[218].

Contudo, apesar de a utilização de um ATM de criptoativos ser, tendencialmente, anónima, investigadores criminais conseguem rastrear as transações efetuadas na *blockchain* e ligá-las a uma determinada entidade. Se existirem indícios de atividades ilícitas com criptoativos, é possível demandar um prestador de serviços de criptoativos com vista a obter a informação constante nas suas transações e, após obter os

[217] Cf. ELLIPTIC, *op. cit.*, 2022, p. 46.

[218] Cf. Sistema de Segurança Interna, "Relatório Anual de Segurança Interna", 2021, p. 65.

endereços associados aos criptoativos, efetuar uma análise da *blockchain* para determinar como estes estão a ser utilizados[219].

3. *Ransomware*

O crescimento do *ransomware* como uma atividade criminosa lucrativa está intrinsecamente ligado à ascensão da *bitcoin*[220], uma vez que a utilização de pagamentos com recurso a criptoativos constitui um desafio acrescido para a identificação dos agentes criminosos.

De facto, estudos sugerem que uma parte significativa do valor intrínseco da *bitcoin* como um instrumento de pagamento, deriva da sua utilização como forma de facilitar o comércio ilícito. Assim, quando agentes criminosos deixam de utilizar *bitcoins* em atividades ilícitas (por exemplo, devido a medidas de prevenção de branqueamento de capitais mais robustas ou a mecanismos de deteção de atividades ilícitas mais avançados, como o *Chainalysis Reactor*[221]) o seu valor intrínseco é impactado de forma negativa[222].

[219] Cf. https://blog.chainalysis.com/reports/combatting-trafficking-with-blockchain-analysis/.

[220] Cf. Institute for Security and Technology, "Combating Ransomware", 2021, p. 14.

[221] Para uma demonstração, consultar: https://www.chainalysis.com/chainalysis-reactor/.

[222] Cf. FOLEY, Sean, KARLSEN, Jonathan R., PUTNINS, Talis J., "*Sex, Drugs, and Bitcoin: How Much Illegal Activity Is Financed through Cryptocurrencies?*", 2019, p. 1848.

O conceito de um ataque *Ransomware* foi ensaiado por vários autores, para MÁRIO ANTUNES/BALTAZAR RODRIGUES "*consiste no acesso ilícito aos computadores de uma empresa, seguindo-se a posterior encriptação dos dados aí armazenados. De seguida, os atacantes iniciam a fase da extorsão à empresa, exigindo avultadas quantias em dinheiro para que os dados fiquem novamente acessíveis*"[223]. DUARTE RODRIGUES NUNES, partindo do conceito mencionado *supra*, entende que o fenómeno deve ser considerado sob duas perspetivas, de um lado, como uma realidade tecnológica, nomeadamente, um tipo de *malware*[224] e, por outro, como uma atividade criminosa[225].

Assim, enquanto um tipo de *malware*, tem como objetivo permitir o acesso a um sistema informático de outrem, com o intuito de encriptar os dados[226] contidos nesse sistema, impedindo, desta forma,

[223] Cf. ANTUNES, Mário, RODRIGUES, Baltazar, "Introdução à Cibersegurança", 2018, p. 127.

[224] O *malware* é a designação utilizada para se referir a todo o tipo de *software* malicioso que, no contexto de segurança informática, significa todo o *software* que é utilizado com o objetivo de violar a política de segurança de um sistema informático, com respeito à sua confidencialidade, integridade ou disponibilidade.

[225] Cf. NUNES, Duarte Rodrigues, *"O Fenómeno do Ransomware e o seu Enquadramento Jurídico-Penal"*, em Revista Científica sobre Cyberlaw do Centro de Investigação Jurídica do Ciberespaço – CIJIC – da Faculdade De Direito da Universidade de Lisboa, Edição n.º VIII, 2019, p. 9.

[226] Tradicionalmente, o *ransonware* utiliza o algoritmo Rivest, Shamir, Adleman (RSA) 2048 *bits* para encriptar os dados contidos num sistema informático. A título de curiosidade, um computador tradicional demoraria cerca de 6.4 quadriliões de anos a resolver este algoritmo.

o seu acesso pelo titular originário para, subsequentemente, lhe exigir o pagamento de um determinado valor com vista à recuperação dos dados. A quantia exigida é, tipicamente, paga através de criptoativos[227].

Como uma atividade criminosa, consiste num fenómeno que pode ser dividido em três fases: o acesso ilegítimo a sistemas e dados informáticos; o bloqueio dos dados constantes nesses sistemas informáticos e; a exigência do pagamento com vista ao desbloqueio dos dados para que o titular originário os possa aceder novamente[228]. Divergimos da ideia de MÁRIO ANTUNES/BALTAZAR RODRIGUES que afirmam que o *ransomware* afeta apenas sistemas e dados informáticos de empresas, na verdade, este fenómeno atinge, também, indivíduos e o setor público[229].

O ordenamento jurídico português não contempla uma incriminação específica para o *ransomware*, é, no entanto, possível subsumir a conduta do agente a três factos típicos distintos, nomeadamente, o acesso ilegítimo a sistemas e dados informáticos, o bloqueio desses dados e a exigência de pagamento para os desbloquear.

Cf. ALESSANDRIN, Adam, "*RANSOMWARE Hostage Rescue Manual*", 2016, p. 2.

[227] Cf. NUNES, *op. cit.*, 2019, p. 10.

[228] *Ibidem*, p. 10.

[229] Cf. Centro Nacional de Cibersegurança, "O Relatório em 15 minutos: Cibersegurança em Portugal", 2022, p. 7.

No que concerne ao acesso ilegítimo a sistemas e dados informáticos, tradicionalmente, tal é realizado através de técnicas de *phishing*[230]. Assim, este facto pode ser subsumido ao crime de falsidade informática, nos termos do disposto do artigo 3.º da Lei n.º 109/2009. Dispõe o n.º 1 do artigo 3.º da Lei n.º 109/2009 que, quem "*(...) com intenção de provocar engano nas relações jurídicas, introduzir, modificar, apagar ou suprimir dados informáticos ou por qualquer outra forma interferir num tratamento informático de dados, produzindo dados ou documentos não genuínos, com a intenção de que estes sejam considerados ou utilizados para finalidades juridicamente relevantes como se o fossem, é punido com pena de prisão até 5 anos ou multa de 120 a 600 dias.*". De facto, um ataque de *phishing* tem como objetivo enganar determinados utilizadores a fornecerem informação através de *e-mails* que aparentam ser legítimos mas que, na verdade, são maliciosos e possibilitam que o agente criminoso instale um programa de *malware* que lhe permitirá aceder ao sistema ou aos dados-alvo[231].

230 Um ataque de *phishing* consiste num método de enganar os utilizadores para que, sem saberem, forneçam informação financeira ou enviem fundos para os atacantes. Tipicamente, este ataque é feito com recurso a mensagens eletrónicas, como *e-mail*, consistindo no envio de um *link* que aparenta ser legítimo mas, na verdade, é malicioso. O *phishing* é um ataque híbrido, ou seja, combina engenharia social com recurso a meios tecnológicos.

231 Cf. NUNES, *op. cit.*, 2019, p. 11.

Assim, o crime de falsidade informática surge como um ato preparatório do crime de acesso ilegítimo. No entanto, apesar de o crime de falsidade informática ter uma moldura penal superior ao crime de acesso ilegítimo, o agente será punido em concurso efetivo, uma vez que os bens jurídicos tutelados por estas incriminações são distintos, nomeadamente, a segurança do sistema informático no crime de acesso ilegítimo e a segurança e a fiabilidade dos documentos no tráfico jurídico-probatório no crime de falsidade informática[232].

Nesta senda, a conduta de aceder a sistemas e dados informáticos, propriamente dita, consubstancia um crime de acesso ilegítimo, nos termos do disposto no artigo 6.º da Lei 109/2009. Assim, dispõe o n.º 1 que quem *"(...) sem permissão legal ou sem para tanto estar autorizado pelo proprietário, por outro titular do direito do sistema ou de parte dele, de qualquer modo aceder a um sistema informático, é punido com pena de prisão até 1 ano ou com pena de multa até 120 dias"*. Contudo, uma vez que o acesso ilegítimo terá lugar com recurso a credencias de acesso obtidas mediante técnicas de *phishing*, este será obtido através da violação das regras de segurança e, como tal, é uma conduta subsumível ao disposto no n.º 3 do artigo 6.º da Lei do Cibercrime.

232 Cf. NUNES, *op. cit.*, 2020, p. 157 e p. 48.

Após o acesso ao sistema e aos dados informáticos, o próximo passo será o de impedir o titular originário de os aceder, assim, como mencionado *supra*, os dados serão bloqueados com recurso a criptografia de ponta. Esta conduta, consubstancia a prática de um crime de dano relativo a programas ou outros dados informáticos, nos termos do disposto no artigo 4.º da Lei do Cibercrime, uma vez que quem "*sem permissão legal ou sem para tanto estar autorizado pelo proprietário, por outro titular do direito do sistema ou de parte dele, apagar, alterar, destruir, no todo ou em parte, danificar, suprimir ou tornar não utilizáveis ou não acessíveis programas ou outros dados informáticos alheios ou por qualquer forma lhes afetar a capacidade de uso, é punido com pena de prisão até 3 anos ou pena de multa.*" Nesta senda, caso o bloqueio dos dados presentes no sistema informático seja sucedido da sua destruição, o agente criminoso incorrerá na prática de um crime de sabotagem informática, conforme o disposto no artigo 5.º da Lei do Cibercrime.

Tipicamente, quando o acesso aos dados contidos no sistema informático é bloqueado, as vítimas de *ransomware* são informadas, através de um ecrã (Ver figura 11), que os seus dados foram encriptados e com instruções para recuperar o acesso aos mesmos, o que, habitualmente, é feito através de um pagamento com recurso a criptoativos.

Figura 11 – Exemplo de um ecrã contendo instruções para desbloquear os dados informáticos[233]

Neste contexto, esta conduta do agente criminoso consubstancia a prática de um crime de extorsão, conforme o disposto no artigo 223.º do Código Penal, que estipula que quem *"(...) com intenção de conseguir para si ou para terceiro enriquecimento ilegítimo, constranger outra pessoa, por meio de violência ou de ameaça com mal importante, a uma disposição patrimonial que acarrete, para ela ou para outrem, prejuízo é punido com pena de prisão até 5 anos."*

Assim, a exigência de pagamento para desbloquear ao acesso ao sistema e dados informáticos, especialmente se essa exigência for acompanhada da ameaça da destruição dos dados ou da sua divulgação ao público, caso a quantia não seja paga, consubstancia

[233] Disponível em: Institute for Security and Technology, "Combating Ransomware", 2021, p. 11.

o ato de constranger a vítima por meio de ameaça com mal importante[234].

Conforme o exposto *supra*, apesar de não existir uma incriminação específica para um ataque de *ransomware*, o mesmo pode ser subsumido a outras incriminações no nosso ordenamento jurídico. Contudo, poderá o pagamento do resgate por parte da vítima consubstanciar um ato ilícito?

No dia 21 de setembro de 2021, o *Department of the Treasury's Office of Foreign Assets Control* (OFAC) publicou o *Updated Advisory on Potential Sanctions Risks for Facilitating Ransomware Payments*, nesta publicação é abordada a questão dos pagamentos de resgates de *ransomware* que consubstanciam a prática de um ato ilícito[235]. Com efeito, sob a autoridade do *International Emergency Economic Powers Act* (IEEPA) ou do *Trading with the Enemy Act* (TWEA), os cidadãos norte-americanos estão proibidos de efetuar transações, direta ou indiretamente, com indivíduos ou entidades na *Specially Designated Nationals and Blocked Persons List* (SDN List) da OFAC. Mais, uma transação executada por um cidadão estrangeiro que leve a um cidadão norte-americano a violar as proibições da IEEPA, é também proibida. Assim, a OFAC afirma que os facilitadores de pagamentos de *ransomware* em nome das

[234] Cf. NUNES, *op. cit.*, 2019, p. 27.

[235] Cf. Department of the Treasury, "*Updated Advisory on Potential Sanctions Risks for Facilitating Ransomware Payments*", 2021. Acessível em: https://home.treasury.gov/system/files/126/ofac_ransomware_advisory.pdf.

vítimas, como instituições financeiras, seguradoras e outras companhias envolvidas na resposta a estes incidentes podem estar em violação dos regulamentos da OFAC. Assim, cidadãos americanos que assistam materialmente ou providenciem apoio financeiro, material ou tecnológico às entidades que constem da lista SDN podem sofrer coimas e enfrentar processos-crime por, conscientemente, violarem estas proibições.

No mesmo sentido, em outubro de 2020, a FinCEN emitiu um aviso[236] às instituições financeiras sobre os efeitos dos regulamentos existentes no que concerne ao processamento e ao facilitamento de pagamentos de *ransomware*. A FinCEN alertou para o facto de que esta atividade, tipicamente, requer que uma instituição financeira receba, transfira ou converta fundos, o que pode constituir uma transmissão de dinheiro e, desta forma, impor obrigações adicionais de acordo com os regulamentos da FinCEN.

Com efeito, um indivíduo ou entidade pode violar o regime das sanções da OFAC por efetuar um pagamento ou executar uma transação com alguém na lista SDN ou de jurisdições sancionadas, mesmo que o faça indiretamente através de um terceiro.

Não obstante, a OFAC listou uma série de fatores mitigantes a ter consideração na determinação de sanções a uma entidade que efetue um pagamento de *ransomware*, nomeadamente, comunicação do ataque

[236] Acessível em: FinCEN Advisory, FIN-2020-A006.

e do pagamento de *ransomware*, cooperação com as entidades policiais e se empregou medidas de cibersegurança para prevenir ataques de *ransomware*[237].

Neste contexto, uma empresa portuguesa que opere nos Estados Unidos da América e seja vítima de um ataque de *ransomware* por uma entidade na lista SDN (por exemplo, Lazarus Group[238]) pode ser criminalmente responsável pelo pagamento do resgate caso tenha conhecimento que o beneficiário desse pagamento se encontra na lista[239]. De facto, uma empresa não precisa de estar estabelecida em território norte-americano para se encontrar sujeita às sanções da OFAC, no dia 8 de novembro de 2021 a *Chatex*, um prestador de serviços de criptoativos com sede na Letónia, foi sancionada pela OFAC por, alegadamente, as suas transações terem ligações a mercados da *darknet* e a pagamentos de *ransomware*[240].

[237] Cf. Department of the Treasury, "*Updated Advisory on Potential Sanctions Risks for Facilitating Ransomware Payments*", 2021, pp. 4-5.

[238] O Lazarus Group é um grupo de cibercriminosos que operam sob a alçada do governo norte-coreano e que se encontram na lista SDN, acessível em: https://www.treasury.gov/ofac/downloads/sdnlist.pdf, p. 965.

[239] Cf. Congressional Research Service, "*Ransomware and Federal Law: Cybercrime and Cybersecurity*", 2021, p. 7.

[240] Cf. https://home.treasury.gov/news/press-releases/jy0471.

CAPÍTULO QUARTO
OBTENÇÃO DE PROVA

1. Enquadramento

O cibercrime e os fluxos de dinheiro obtidos ilicitamente na *internet* não têm fronteiras geográficas. Assim, para abordar este fenómeno de uma forma abrangente, as atividades investigativas devem ser feitas além-fronteiras e operar em diferentes jurisdições. Uma cooperação internacional eficiente é crucial para a busca, apreensão e confisco dos produtos de crimes obtidos *online*.

À medida que a utilização e a confiança nas tecnologias da informação se tornam cada vez mais difundidas na sociedade, a exploração maliciosa dos sistemas informáticos também se tem tornado cada vez mais comum. As infrações relacionadas com computadores têm crescido rapidamente, tanto em número como em sofisticação, mas tem havido um atraso no desenvolvimento de medidas eficazes que permitam combater esta realidade. Levar os infratores à justiça requer meios de obtenção de prova digital eficazes, no entanto, as provas derivadas de dispositivos eletrónicos são voláteis, frequentemente intangíveis e, normalmente, transfronteiriças. Isto significa que a importância de procedimentos eficazes, cumpridores da lei e robustos para a identificação, recolha e preservação de prova digital é vital.

Dada a confiança das sociedades nas tecnologias da informação e da comunicação, os juízes e procuradores devem estar preparados para lidar com a cibercriminalidade e a prova digital. Embora em muitos países, as autoridades responsáveis pela aplicação da lei tenham sido capazes de reforçar as suas capacidades para investigar o cibercrime e garantir a segurança da prova digital, tem havido menos atenção aos requisitos dos juízes e procuradores. A experiência sugere que na maioria dos casos, juízes e procuradores encontram dificuldades em lidar com as novas realidades do mundo cibernético[241].

A perceção do anonimato dos criptoativos torna-os veículos atrativos para o branqueamento de capitais e outras atividades criminosas. A promoção generalizada dos mesmos como ativos de investimento, originou um leque de oportunidades para os agentes criminosos que pretendem lucrar através de consu-

[241] Cf. iPROCEEDS, "*Training Course for Judges and Prosecutors: Advanced Course on the Search, Seizure and Confiscation of Online Crime Proceeds*", 2017, p. 6.

midores que não estão familiarizados com esta tecnologia, nem com os riscos inerentes ao mercado de criptoativos.

Cibercriminosos alavancam as características inerentes aos criptoativos, nomeadamente, a inovação, a descentralização e a anonimização para facilitar atividades criminosas a uma escala global. A natureza transfronteiriça destes ativos requer a colaboração com autoridades estrangeiras para localizar e recolher registos eletrónicos e prova digital, com o intuito de apreender e evitar a propagação de criptoativos ligados a atividades criminosas, bem como a identificação e responsabilização dos agentes criminosos que se aproveitam desta tecnologia para evitarem ser detetados.

A cooperação internacional é decisiva, atendendo a que a regulação e a supervisão são, muitas vezes, desadequadas. As lacunas existentes em diferentes regimes de prevenção de branqueamento de capitais e combate ao financiamento do terrorismo nas mais variadas jurisdições, além de serem um risco para a segurança e estabilidade do sistema financeiro internacional permitem, também, que agentes criminosos se aproveitem das inconsistências regulatórias e, em alguns casos, da inexistência de regulação e supervisão, para escolherem jurisdições que facilitem a prática de atividades criminosas[242].

[242] Cf. Department of Justice, "*The Report of the Attorney General Pursuant to Section 8(b)(iv) of Executive Order 14067: How to Strengthen*

2. Deteção e apreensão de criptoativos

A deteção da presença e do uso de criptoativos em atividades ilícitas é requisito necessário para levar à justiça os agentes criminosos que recorrem a este tipo de tecnologia para evitarem ser detetados pelas autoridades. Com efeito, é necessário que as autoridades judiciárias e os órgãos de polícia criminal compreendam o modo de funcionamento desta tecnologia para efeitos de investigação e, consequentemente, deteção e obtenção de prova digital. O caminho efetuado nos capítulos anteriores permite ter uma visão global do modo de funcionamento do protocolo associado aos criptoativos possibilitando, desta forma, que os conceitos básicos sejam apreendidos por forma a aferir a (in)existência de relevância criminal de determinados factos.

Como explicado *supra*, as chaves privadas e públicas podem ser encontradas na carteira virtual de um utilizador. Assim, investigadores criminais devem ter em mente a possível aparência de uma carteira virtual, atendendo a que determinado agente pode fazer uso de uma *cold wallet*. No caso de uma *non-custodial wallet*, ou seja, nos casos em que as chaves privadas são geridas apenas pelo seu titular, o acesso aos criptoativos através das chaves privadas pode ser feito localmente no computador do agente criminoso,

International Law Enforcement Cooperation for Detecting, Investigating, and Prosecuting Criminal Activity Related to Digital Assets", 2022, p. 1.

no entanto, se estivermos perante uma *custodial wallet*, em que uma entidade terceira é responsável por armazenar as chaves privadas do utilizador, as chaves privadas estarão armazenadas *online*, podendo, em alguns casos, encontrarem-se noutra jurisdição[243]. Neste contexto, o tipo de carteira virtual pode influenciar o método investigativo que deve ser utilizado para o caso em concreto.

Os prestadores de serviços de criptoativos albergam, normalmente, informação relevante para identificação do agente criminoso, nomeadamente, o nome, endereço IP, contactos, informação sobre os pagamentos, documentos de identificação oficiais, morada, endereços das carteiras virtuais, entre outros dados que serão, certamente, relevantes para a investigação em curso. Uma vez que a maioria do prestadores de serviços de criptoativos se encontram em jurisdições diferentes daquela onde ocorre a investigação, é necessário recorrer a mecanismos de cooperação judiciária internacional o que, naturalmente, torna o processo mais moroso. Mais, o branqueamento de vantagens obtidas ilicitamente é feito com recurso a prestadores de serviços de criptoativos em jurisdições de alto ou que não cumprem com medidas de prevenção de branqueamento de capitais, nestes casos dificilmente será possível aceder a este tipo de informação.

[243] Cf. Organization for Security and Co-Operation in Europe, "*Handbook for dealing with virtual currencies in criminal proceedings*", 2022, p. 29.

Uma vez que os ATM's de criptoativos providenciam um método fiável para converter rapidamente criptoativos em moeda fiduciária ou o contrário, oferecendo uma forma rápida e simples de movimentar dinheiro para uma carteira virtual localizada noutro local, são utilizados frequentemente para branquear vantagens obtidas ilicitamente. Neste contexto, apresentam-se como uma oportunidade para os investigadores criminais, uma vez que estes podem efetuar uma busca no local para obterem provas físicas, bem como requerer as imagens referentes à videovigilância que possa existir no local.

Para além da informação que pode ser obtida através dos prestadores de serviços de criptoativos, é também possível extrair dados relevantes com recurso a técnicas de investigação baseadas na análise da *blockchain*[244]. O processo de análise da *blockchain* consiste na inspeção, identificação, segmentação e modelação para a representação visual dos dados públicos contidos na *blockchain,* com o objetivo de obter informação sobre as partes envolvidas em determinada transação. Este processo é normalmente levado a cabo por empresas privadas (como é o caso da *Chainalysis*) com recurso a algoritmos desenvolvidos para o efeito, por forma a mapear as transações executadas por determinados utilizadores para, posteriormente, as com-

[244] Cf. GAFILAT, "Guide on Relevant Aspects and Appropriate Steps for the Investigation, Identification, Seizure, and Confiscation of Virtual Assets", 2021, p. 71.

parar com os dados fornecidos pelos prestadores de serviços de criptoativos.

Todas as transações executadas pelo titular de determinada carteira virtual são registadas na *blockchain* por ordem cronológica. Assim, por cada transação, são registados elementos de relevância para a investigação criminal, nomeadamente, a função *hash* da transação (i.e. identificação da transação), a data e a hora da transação, o endereço do ordenante e do beneficiário, o valor transferido, o custo da transação e os saldos do ordenante e do beneficiário nas carteiras virtuais envolvidas na transação[245]. Tendo em conta a natureza pública da *blockchain*, e apesar de ser possível rastrear as transações, existem vários métodos que permitem anonimizar as mesmas. Com efeito, um desses métodos é o recurso a prestadores de serviços de mistura (*mixers*) que utilizam técnicas como o *CoinJoin* que, em termos genéricos, consiste em combinar um grupo de transações numa só, não sendo possível desta forma identificar os intervenientes[246]. No mesmo sentido, outra forma de anonimizar as transações, consiste num sistema integrado de privacidade de dados, que é implementado na *blockchain* no momento da sua criação, por exemplo, o *Zcash* utiliza um sistema integrado de privacidade de dados designado de *ZK-SNARKS* que permite

[245] Cf. GAFILAT, *op. cit.*, 2021, p. 72.

[246] Cf. European Parliament, Directorate General for Internal Policies, "Virtual currencies and terrorist financing: assessing the risks and evaluating responses", 2018, p. 32.

ocultar as partes envolvidas na transação, bem como o montante. Apesar destas técnicas permitirem adicionar uma camada de anonimização às transações, estudos indicam que, não obstante, é possível rastrear as transações de forma mais precisa do que inicialmente se entendia.[247]

A informação obtida durante a investigação é essencial para as autoridades conseguirem obter controlo sobre os criptoativos. Assim, é necessário identificar os criptoativos, estabelecer uma ligação entre os criptoativos e o utilizador, garantir o acesso aos mesmos e obter autorização da autoridade competente para proceder à sua apreensão.

No caso dos criptoativos estarem sob a alçada de um prestador de serviços de criptoativos, a ordem de apreensão deve ser requerida ao prestador que controla as chaves privadas, o que torna o processo mais fácil para as autoridades. No caso de o agente criminoso utilizar uma *non-custodial wallet*, uma vez que as chaves privadas são controladas por este, a ordem de apreensão deve ser requerida ao próprio utilizador[248].

O controlo dos criptoativos pode ser feito de duas formas, transferindo-os da carteira virtual do agente criminoso para uma carteira virtual governamental, ou convertendo os criptoativos em moeda fiduciária.

[247] Cf. European Parliament, Directorate General for Internal Policies, *op. cit.*, 2018, pp. 34-35.

[248] Cf. UNDOC, "Basic Manual on Detection and Investigating of the Laundering of Crime Proceeds using Virtual Currencies", 2014, pp. 148-149.

Uma carteira virtual governamental, é uma carteira virtual controlada pelas autoridades que, consoante o ordenamento jurídico, pode estar sob a alçada de um órgão de polícia criminal, um juiz de instrução, um procurador ou até uma entidade privada[249].

Consoante os criptoativos no caso concreto, pode ser necessário preparar várias carteiras virtuais governamentais, por exemplo, uma para *bitcoin* e outra para *Zcash*, ou, caso exista essa possibilidade, uma *multi-currency wallet* que permite albergar diferentes tipos de criptoativos. Outro elemento que deve ser tomado em conta são as taxas de transação, devendo ser decidido de antemão quem irá suportar este encargo.

3. Os meios de obtenção de prova digital na Lei do Cibercrime

Com a entrada em vigor da Lei do Cibercrime, foram acrescentados novos meios processuais de obtenção de prova em ambiente digital. Assim, e não obstante o CPP ser o diploma primordial no que concerne a meios de obtenção de prova, o legislador veio prever meios de obtenção de prova digital específicos em legislação extravagante, nos artigos 12.º a 19.º da Lei do Cibercrime.

[249] Cf. Organization for Security and Co-Operation in Europe, "*Handbook for dealing with virtual currencies in criminal proceedings*", 2022, pp. 31-32.

Com efeito, nos termos do disposto no artigo 11.º da Lei do Cibercrime, estas medidas processuais destinam-se, com exceção do disposto nos artigos 18.º e 19.º (interceção de comunicações e ações encobertas, respetivamente), a todos os crimes cometidos por meio de um sistema informático e, ainda, em relação aos quais seja necessário proceder à recolha de prova em suporte eletrónico, o que torna estas medidas processuais de aplicação geral[250].

Neste contexto, as novas figuras processuais introduzidas no nosso ordenamento jurídico foram: i) a preservação expedita de dados informáticos (artigo 12.º); ii) a revelação expedita de dados de tráfego (artigo 13.º); iii) a injunção para apresentação ou concessão do acesso a dados informáticos (artigo 14.º). Por outro lado, foram adaptados institutos de processo penal já existentes no ordenamento jurídico português, nomeadamente, a pesquisa de dados informáticos (artigo 15.º), a apreensão de dados informáticos (artigo 16.º) a apreensão de correio eletrónico e registos de comunicações de natureza semelhante (artigo 17.º) e a interceção de comunicações (artigo 18.º)[251].

Em termos sintéticos, a preservação expedita de dados prevista no artigo 12.º da Lei do Cibercrime,

[250] Cf. VENÂNCIO, Pedro Dias, *"Lei do cibercrime: anotada e comentada"*, 2011, pp. 90-91.

[251] Cf. FIDALGO, Sónia, "*A Recolha de Prova em Suporte Electrónico — Em Particular, a Apreensão de Correio Electrónico*", in JULGAR – N.º 38 – 2019, p. 153.

permite que as autoridades judiciárias ordenem a preservação de dados informáticos que se encontrem no controlo de um fornecedor de serviços, caso considerem que os mesmos se encontrem em risco de *"perder-se, alterar-se ou deixar de estar disponíveis"*. De realçar que, contrariamente ao disposto na Convenção sobre o Cibercrime, que trata apenas da conservação expedita de dados informáticos no artigo 16.º e no artigo 17.º da conservação expedita e divulgação parcial de dados de tráfego, o legislador português optou por tratar de forma conjunta a conservação de dados informáticos e de dados de tráfego[252]. Este processo é denominado de *"quick freeze"*[253], no entanto, o ponto 159 do Relatório Explicativo da Convenção sobre o Cibercrime esclarece que " *A preservação não implica forçosamente que os dados sejam "congelados" (isto é, tornados inacessíveis) e que esses dados, ou as cópias dos mesmos, não possam ser usados pelos seus utilizadores legítimos. A pessoa a qual a ordem é dirigida poderá continuar a aceder aos dados, ficando tal acesso dependente das especificações exactas que figurem na referida ordem. O artigo não especifica a forma segundo a qual os dados deverão ser preservados, pelo que caberá a cada Parte estipular a forma mais adequada de preservação e, nalguns casos particulares, determinar se a preservação dos dados deverá ou não implicar o seu "congelamento""*.

[252] Cf. VENÂNCIO, *op. cit.*, 2011, p. 100.

[253] Cf. RODRIGUES, Benjamim da Silva, *"Da Prova Penal – Tomo IV, Da Prova Electrónico-Digital e da Criminalidade Informático-Digital"*, 2011, p. 522.

Rege o disposto no artigo 13.º da Lei do Cibercrime que o fornecedor de serviço a quem a preservação de dados tenha sido ordenada indica à autoridade judiciária ou ao órgão de polícia criminal, logo que souber, outros fornecedores de serviço dos quais aquela comunicação tenha sido efetuada, tendo em vista identificar todos os fornecedores de serviço e a via através da qual aquela comunicação foi efetuada. Nesta senda, a reconstrução do percurso da comunicação depende da consecutiva informação sobre o mesmo, o que pode ser um processo moroso. Assim, a eficiência deste processo depende da diligente prestação de informação[254].

Relativamente à injunção para a apresentação ou concessão de dados, conforme o disposto no artigo 14.º da Lei do Cibercrime, traduz-se na ordem emitida pela autoridade judiciária competente a quem tenha controlo ou disponibilidade que os comunique ao processo ou que permita o acesso aos mesmos, sob pena de punição por desobediência. Daqui resulta que a injunção para a apresentação ou concessão de dados é o meio processual adequado para solicitar aos fornecedores de serviço que forneçam "*a identificação do endereço IP utilizado por um determinado indivíduo e, na vertente oposta, a identificação do cliente que usou um determinado endereço IP em determinadas circunstâncias*

[254] Cf. VERDELHO, Pedro, "*A nova Lei do Cibercrime*", in Scientia Ivridica, Tomo LVIII, N.º 320, Outubro – Dezembro 2009, p. 737.

de tempo"[255]. Acompanhamos o entendimento de PAULO DÁ MESQUITA que defende que a punição pelo crime de desobediência é desadequada. De facto, esta medida processual traduz-se num exagero do legislador, pelo que a aplicação de sanções pecuniárias acessórias seriam mais adequadas face às exigências de celeridade do procedimento processual[256].

O disposto no artigo 15.º da Lei do Cibercrime tem como objetivo a modernização e a harmonização das legislações nacionais no que concerne a busca[257] e apreensão de dados informáticos. Com efeito, prevê o referido artigo que, quando se tornar necessário à produção de prova, no decurso do processo, obter determinados dados informáticos que se encontram armazenados num sistema informático, a autoridade judiciária competente autoriza ou ordena que se proceda a uma pesquisa nesse sistema informático. Rege o n.º 6 do artigo 15.º da Lei do Cibercrime que, com as necessárias adaptações, são aplicadas as regras de execução de buscas previstas no CPP e no Estatuto do Jornalista.

Tema controverso (que iremos analisar no ponto 4) é o da aplicação do n.º 5 do artigo 15.º da Lei do Cibercrime. Entendem alguns autores que o referido artigo

[255] Cf. Procuradoria-Geral da República – Gabinete Cibercrime, "Nota Prática nº 1/2012", 2012, p. 3.

[256] Cf. MESQUITA, Paulo Dá, *"Processo Penal, Prova e Sistema Judiciário"*, 2010, p. 113.

[257] O termo "busca" é o utilizado no ponto 184 no Relatório Explicativo da Convenção sobre o Cibercrime.

permite que a pesquisa de dados informáticos se estenda para fora do território nacional sem necessidade de se recorrer a mecanismos de cooperação judiciária internacional, recorrendo, para o efeito, a uma interpretação literal e teleológica do disposto nessa norma, independentemente de a mesma ampliar o âmbito de aplicação territorial que foi, aliás, imposto pela Convenção sobre o Cibercrime. Limite este, que impõe que esta regra se cinja ao território nacional.

A Lei do Cibercrime prevê, ainda, a possibilidade de apreensão de dados informáticos conforme o disposto no artigo 16.º Assim, *"quando, no decurso de uma pesquisa informática ou de outro acesso legítimo a um sistema informático, forem encontrados dados ou documentos informáticos necessários à produção de prova, tendo em vista a descoberta da verdade, a autoridade judiciária competente autoriza ou ordena por despacho a apreensão dos mesmos"*[258].Nesta senda, é de notar, a preocupação do legislador nacional com a proteção de dados pessoais dos seus cidadãos dispondo no n.º 3 do referido artigo, que caso a apreensão de dados informáticos cujo conteúdo contenda com dados pessoais ou íntimos, os mesmos são presentados ao juiz que fará uma ponderação dos interesses do caso em concreto por forma a determinar a sua junção aos autos. A falta de apresentação ao juiz destes dados dão origem à sua nulidade e a ponderação que determine a junção de dados pessoais ou íntimos deve ser feita tendo em

[258] Cf. o disposto no n.º 1 do artigo 16.º da Lei do Cibercrime.

conta a salvaguarda da privacidade e os interesses da prossecução da investigação criminal[259].

O disposto no artigo 17.º da Lei do Cibercrime é aplicável a mensagens de correio eletrónico ou a registos de natureza semelhante encontrados no decurso de uma pesquisa informática ou de outro acesso legítimo a um sistema informático, aplicando-se correspondentemente o regime da apreensão de correspondência previsto no Código de Processo Penal. O referido artigo não faz uma distinção entre mensagens de correio eletrónico abertas e não abertas, no entanto, o ponto 190 do Relatório Explicativo da Convenção sobre o Cibercrime dispõe que "*O Artigo 19° é consagrado aos dados informatizados armazenados. A este respeito, e colocada a questão que incide sobre o facto de se uma mensagem de correio electrónico não aberta, em espera na caixa de correio de um fornecedor de serviços de Internet, até que o respectivo destinatário efectue o descarregamento para o seu sistema informático, deverá ser considerada como constituindo dados armazenados ou dados em curso de transferência. Ao abrigo da legislação adoptada por algumas Partes, a referida mensagem de correio electrónico faz parte integrante de uma comunicação, pelo que o seu conteúdo apenas poderá ser conhecido mediante a aplicação do poder de intercepção, enquanto que, segundo outros sistemas jurídicos, a dita mensagem se considera pertencer ao domínio dos dados armazenados aos quais se refere o* Artigo *19°. Assim, as Partes deverão proceder a uma revisão das suas*

259 Cf. VERDELHO, *op. cit.*, 2009, pp. 741-742.

leis relativas a esta matéria, por forma a determinar qual é a visão mais adequada no âmbito dos seus sistemas jurídicos internos. "(sublinhado nosso). Nesta senda, RUI CARDOSO entende que uma interpretação do disposto no artigo 17.º da Lei do Cibercrime que diferencie entre mensagens de correio eletrónico abertas e não abertas não é juridicamente adequada nem tecnicamente correta. De facto, contrariamente ao que sucede com os envelopes de correio, o lido ou não lido, não oferece qualquer forma de proteção da mensagem[260].

Quanto à interceção de comunicações eletrónicas, prevê o artigo 18.º da Lei do Cibercrime que este instituto só pode ser aplicado em processos de investigação relativos a crimes previstos na referida lei ou cometidos através de um sistema informático (*cyber-dependent e cyber-enabled crimes*, respetivamente) ou, ainda, em relação a crimes que se encontrem previstos no artigo 187.º do CPP. De facto, e na esteira de PEDRO DIAS VENÂNCIO, apesar de o artigo 18.º estabelecer certas especificidades para os crimes praticados em ambiente digital, remete, na sua essência, para o regime das escutas telefónicas previsto nos artigos 187.º a 190.º do CPP[261].

Por fim, a Lei do Cibercrime, no seu artigo 19.º, veio alargar as disposições sobre as ações encober-

[260] Cf. CARDOSO, Rui, "*Apreensão de correio electrónico e registos de comunicações de natureza semelhante – artigo 17.º da Lei n.º 109/2009, de 15.IX*", in Revista do Ministério Público 153: Janeiro: Março 2018, p. 186.

[261] Cf. VENÂNCIO, *op. cit.*, 2011, pp. 118-119.

tas, previstas na Lei n. 101/2001 de 25 de agosto, aos crimes previstos na Lei do Cibercrime e aos *"cometidos por meio de um sistema informático, quando lhes corresponda, em abstrato, pena de prisão de máximo superior a 5 anos ou, ainda que a pena seja inferior, e sendo dolosos, os crimes contra a liberdade e autodeterminação sexual nos casos em que os ofendidos sejam menores ou incapazes, a burla qualificada, a burla informática e nas comunicações, o abuso de cartão de garantia ou de cartão, dispositivo ou dados de pagamento, a discriminação racial, religiosa ou sexual, as infrações económico-financeiras, bem como os crimes consagrados no título iv do Código do Direito de Autor e dos Direitos Conexos."*.

4. O acesso transfronteiriço a dados informáticos

A temática do acesso transfronteiriço a dados informáticos não é nova e já foi desenvolvida por diversos autores[262]. Contudo, atendendo à natureza transfronteiriça dos criptoativos, cabe-nos agora revisitar este tema, por forma a analisar este meio de obtenção de prova em ambiente digital.

A Lei do Cibercrime prevê o acesso, de forma unilateral e sem recurso a mecanismos de cooperação judiciária internacional, a dados armazenados em

[262] Para um estudo desenvolvido sobre este tema *vide*, RAMALHO, David Silva, *"Métodos Ocultos de Investigação Criminal em Ambiente Digital"*, 2017; VENÂNCIO, *op. cit.*, 2011; NUNES, Duarte Rodrigues, *"Os Meios de Obtenção de Prova Previstos na Lei do Cibercrime"*, 2018.

sistemas informáticos localizados no estrangeiro[263]. Ora, esta possibilidade configura um problema que deve ser analisado no plano da soberania dos estados, da jurisdição e da legalidade.

Com efeito, entende DAVID SILVA RAMALHO[264] que o disposto no n.º 5 do artigo 15.º da Lei do Cibercrime contempla duas interpretações possíveis, uma de cariz restritivo e outra literal e teleológica. Quanto à primeira interpretação, o sentido da norma deverá ser lido à luz da Convenção sobre o Cibercrime, ou seja, o artigo 19.º da Convenção restringe a busca e a apreensão de dados informático ao território nacional, por outro lado, o artigo 15.º da Lei do Cibercrime é omisso quanto à limitação territorial. De facto, o Relatório Explicativo da Convenção sobre o Cibercrime refere, no ponto 195, que o artigo 19.º não aborda a busca e apreensão transfronteiriça que confere aos Estados a possibilidade de busca e apreensão de dados no seio do território de outras Partes, sem que seja necessário recorrer às modalidades tradicionais de assistência jurídica mútua[265].

[263] Nos termos do disposto no n.º 5 do artigo 15.º da Lei do Cibercrime: *"Quando, no decurso de pesquisa, surgirem razões para crer que os dados procurados se encontram noutro sistema informático, ou numa parte diferente do sistema pesquisado, mas que tais dados são legitimamente acessíveis a partir do sistema inicial, a pesquisa pode ser estendida mediante autorização ou ordem da autoridade competente, nos termos dos n.* [os] *1 e 2"*.

[264] Cf. RAMALHO, *op. cit.*, 2017, p. 84.

[265] Cf. Relatório Explicativo da Convenção sobre o Cibercrime, p. 33, acessível em: https://rm.coe.int/CoERMPublicCommonSearchServices/DisplayDCTMContent?documentId=09000016800cce5b.

Assim, seguindo esta linha de interpretação, a pesquisa informática feita nos termos do disposto no n.º 5 do artigo 15.º da Lei do Cibercrime estaria cingida apenas ao território português.

A segunda interpretação, que o autor defende[266], é a de que a transposição para o direito interno da Convenção sobre o Cibercrime se traduz numa ampliação do âmbito de aplicação da Convenção, com o intuito de tornar o acesso a sistemas e dados informáticos localizados no estrangeiro, lícitos, desde que o acesso a esse sistema informático seja, também, lícito. Assim, a omissão quanto à limitação territorial do acesso a dados transfronteiriços é intencional, e esta interpretação é a que se adequa mais com o espírito e a letra da lei.

No mesmo sentido, DUARTE RODRIGUES NUNES defende que o disposto no n.º 5 do artigo 15.º da Lei do Cibercrime permite que a pesquisa de dados informáticos se estenda para fora do território nacional sem necessidade de se recorrer a mecanismos de cooperação judiciária internacional. Sustenta a sua posição no facto de que se o legislador português quisesse restringir a pesquisa de dados informáticos ao território nacional "*tê-lo-ia feito e não o fez*"[267], apontando, ainda, seis aspetos que considera de relevo para defender esta posição, a saber: i) o legislador português pretendeu que o acesso a dados

[266] No mesmo sentido, NUNES, *op. cit.*, 2018, p. 88; VERDELHO, *op. cit.*, 2009, p. 742.

[267] NUNES, *op. cit.*, 2018, p. 92.

situados fora do território nacional, no âmbito de uma pesquisa informática e sem utilização de mecanismos de cooperação judiciária internacional, fossem uma realidade; ii) o acesso transfronteiriço a sistemas informáticos sem utilização de mecanismos de cooperação internacional não devem ser entendidos como violação da soberania do Estado onde se encontra esse sistema informático; iii) é necessário adequar a aplicação da lei processual penal às circunstâncias, a "aterritorialidade"[268]da criminalidade informática permite a utilização um sistema informático localizado num Estado para cometer um crime noutro e, na maioria dos casos, a localização do sistema informático utilizado para a prática o crime é desconhecida; iv) caso se desconheça o Estado em que se situa o sistema informático, apesar de tecnicamente ser possível aceder ao mesmo, a impossibilidade de aceder a esse sistema através de uma interpretação restritiva do disposto no n.º 5 do artigo 15º da Lei do

[268] *"(...) a aplicação da lei processual penal no território terá de ser adaptada à circunstância de se tratar de um fenómeno tendencialmente aterritorial, podendo ser praticados crimes informáticos (que depois terão de ser investigados) com utilização de sistemas informáticos situados no território de um Estado contra sistemas informáticos localizados no território de outro Estado (...)"* Cf. NUNES, *op. cit.*, 2018, p. 92. No mesmo sentido David Silva Ramalho entende que *"(...) a reconhecida volatilidade da prova digital, que impõe acrescida urgência na sua recolha(...) foi dando lugar a uma concepção semelhante à da jurisdição prescritiva, em que o Estado define o âmbito de aplicação das suas disposições processuais, sem atentar nas fronteiras do seu território."*, Métodos Ocultos de Investigação Criminal em Ambiente Digital, Lisboa, Almedina, 2017 p. 65.

Cibercrime, iria impossibilitar a pesquisa de dados informáticos, comprometendo de forma irremediável a investigação; v) contrariamente à preservação expedita de dados informáticos e a injunção para apresentação ou concessão do acesso a dados informáticos, não é necessário a cooperação de terceiros; vi) os mecanismos de cooperação judiciária internacional são extremamente morosos, comprometendo de forma irremediável as investigações, atendendo à volatilidade da prova digital.

Acompanhamos os argumentos destes autores num plano mais pragmático, ou seja, uma interpretação restritiva do disposto no n.º 5 do artigo 15º da Lei do Cibercrime traz consigo inconvenientes à investigação criminal uma vez que mecanismos de cooperação judiciária internacional são, atualmente, morosos e, muitas vezes, verifica-se falta de cooperação por parte de alguns Estados. Contudo, não podemos acompanhar a ideia de que para além de eventuais problemas diplomáticos, a falta de recurso a mecanismos de cooperação judiciária internacional não trará quaisquer problemas de invalidade da prova que seja obtida por via de um acesso a dados informáticos situados noutra jurisdição[269].

Nesta senda, acompanhamos a posição de RUI SOARES PEREIRA que entende que *"a disposição do artigo 15.º, n.º 5, da Lei do Cibercrime portuguesa é descon-*

[269] Cf. PEREIRA, Rui Soares, "*O acesso a dados armazenados em sistemas informáticos localizados no estrangeiro*", in Homenagem ao Professor Doutor Germano Marques da Silva, 2020, p. 2686.

forme com a Constituição da República Portuguesa, e que (ii) a prova obtida mediante acesso transfronteiriço (realizado de forma unilateral e sem recurso aos mecanismos de cooperação judiciária internacional) poderá a vir ser considerada inválida por falta de habilitação normativa suficiente e também no contexto do sistema constitucional de proibições de prova"[270].

Defende o autor, que não se pode sustentar a ideia de que existindo base legal expressa para as autoridades efetuarem um acesso transfronteiriço a dados informáticos localizados no estrangeiro, através da supressão (intencional) da limitação territorial imposta pelo artigo 19.º da Convenção sobre o Cibercrime aquando da transposição para o ordenamento jurídico interno, este se encontra legitimado. De facto, nos casos em que certas disposições legais se mostrem contrárias aos princípios constitucionais, devem ser consideradas inválidas caso a sua interpretação de acordo com a Constituição seja impossível. Assim, a existência de base legal expressa não é suficiente para que se considere que uma restrição de direitos fundamentais seja legítima. Mais, para que uma restrição de direitos fundamentais se considere legitimada, é exigível a densidade normativa da lei por forma a determinar os seus pressupostos materiais, formais e procedimentais[271]. Por outro lado, é também exigível a *qualidade da lei*, no sentido de esta

[270] Cf. PEREIRA, *op. cit.*, 2020, p. 2688.

[271] *Ibidem*, p. 2703.

ser suficientemente acessível, precisa e previsível com o intuito de evitar a sua arbitrariedade da sua aplicação[272].

Neste contexto, a pesquisa de dados informáticos pode, segundo alguma doutrina, corresponder a uma verdadeira busca. Neste sentido, PAULO DÁ MESQUITA entende que "*(...) no artigo 15.º a busca de dados informáticos é apodada de pesquisa, com o que não se altera a sua verdadeira natureza processual de busca. No regime desta medida ressaltam algumas consequências negativas de uma construção normativa extravagante e desligada do código, com alguns exercícios, ainda que bem intencionados, no plano processual insuficientemente enquadrados por carência de lastro dogmático ou reflexão intersubjetiva.*"[273]. De facto, estes requisitos são exigências constitucionais à luz do princípio da legalidade e do princípio de reserva de lei e, como tal, afigura-se-nos que a peculiaridade terminológica adotada pelo legislador ordinário não é suficiente para não caracterizarmos a pesquisa de dados informáticos como sendo uma verdadeira busca.

Assim, e na senda de RUI SOARES PEREIRA, o argumento referido *supra*, aliado à supressão intencional do legislador nacional da limitação territorial imposta pelo artigo 19.º da Convenção sobre o Crime, aquando da transposição para a ordem jurídica interna, parecem ser fundamentos suficientes

272 Cf. RAMALHO, *op. cit.*, 2017, p. 226.

273 Cf. MESQUITA, *op. cit.*, 2010, p. 114.

para concluirmos que não se encontram preenchidos os requisitos constitucionais de disposição legal, densidade normativa e qualidade de lei.

4.1. As proibições de prova no acesso transfronteiriço a dados informáticos

Cumpre-nos agora analisar se o acesso transfronteiriço a dados informáticos armazenados no estrangeiro (sem recurso a cooperação judiciária internacional) ao abrigo de base legal expressa que o preveja, poderá ser considerado um método proibido de prova se violar princípios fundamentais de direito internacional quando analisado à luz da Constituição da República Portuguesa e de um sistema de proibições de prova de matriz continental. De facto, podemos desde já adiantar a existência de uma proibição de prova quando estamos perante a violação de normas de direito internacional que se impõem ao nosso ordenamento jurídico[274].

O tema que aqui se cura deve ser abordado no âmbito das proibições de prova e, consequentemente, da sua valoração. Por proibições de prova entende-se que estamos no âmbito do limite da descoberta da verdade, no sentido de se imporem como uma limitação à descoberta dos próprios factos, ou, nas palavras de COSTA ANDRADE, "*o que define a proibição de prova é a prescrição de um limite à descoberta da verdade. Normal-*

[274] Cf. PEREIRA, *op. cit.*, 2020, p. 2705.

mente formulada como proibição, a proibição de prova pode igualmente ser ditada através de uma imposição e, mesmo, de uma permissão"[275]. A proibição de valoração de prova apresenta-se como uma limitação de levar determinados factos ao objeto da sentença[276].

A violação de obrigações convencionais ou de princípios de direito internacional em matéria de obtenção de prova levam a uma proibição de produção e, consequentemente, de valoração da prova. Com efeito, defende VÂNIA COSTA RAMOS, que essa proibição tem origem em princípios de direito internacional que se impõem aos ordenamentos jurídicos nacionais[277], o que, no nosso entendimento, é um argumento de peso para sustentar a proibição de produção de prova e, consequentemente, da sua valoração quando a mesma é obtida através de um acesso de forma unilateral e sem recurso a mecanismos de cooperação judiciária internacional, a dados armazenados em sistemas informáticos localizados no estrangeiro, conforme o disposto no n.º 5 do

[275] Cf. ANDRADE, Manuel da Costa, "Sobre as Proibições de Prova em Processo Penal", 2006, p. 83.

[276] Cf. GÖSSEL, Karl-Heinz, "As Proibições de Prova no Direito Processual Penal da República Federal da Alemanha", in Revista Portuguesa de Ciência Criminal, Ano 2-3, julho-setembro, 1992, pp. 397-398.

[277] Cf. RAMOS, Vânia Costa, "Introdução aos problemas da obtenção de prova em contexto transnacional e à proposta da instituição de uma decisão europeia de investigação", in Maria Fernanda Palma/Augusto Silva Dias/Paulo de Sousa Mendes/Carlota Almeida, Direito da Investigação Criminal e da Prova, Coimbra: Almedina, 2014, pp. 327-328.

artigo 15.º da Lei do Cibercrime. De facto, uma interpretação como a defendida pelos autores que entendem que é admissível a pesquisa de dados informáticos em países terceiros, sem recurso a mecanismos de cooperação internacional pode, desde logo, representar uma violação da Convenção sobre o Cibercrime. Por um lado, pela violação da imposição territorial e, por outro, pela regra de recurso a mecanismos de cooperação internacional[278].

Com efeito, de acordo com o previsto no artigo 25.º da Lei do Cibercrime, só é possível aceder a dados informáticos armazenados em território nacional por parte de uma autoridade estrangeira se os mesmos estiverem publicamente disponíveis ou mediante consentimento legal e voluntário da pessoa legalmente autorizada a divulgá-los. Neste contexto, o legislador português teve em atenção o disposto na Convenção sobre o Crime quanto à limitação territorial e às regras de recurso a mecanismos de cooperação. Assim, entendeu o legislador nacional que a soberania e a jurisdição são fatores relevantes para a proteção de direitos fundamentais do nosso ordenamento jurídico, apesar de não ter tido a mesma "generosidade" quanto ao acesso a dados informáticos localizados no estrangeiro pelas autoridades portuguesas. Desta forma, afigura-se-nos que o disposto no n.º 5 do artigo 15.º da Lei do Cibercrime não se encontra em harmonia com a Convenção.

[278] Cf. PEREIRA, *op. cit.*, 2020, p. 2706.

Neste senda, e contrariamente à tese defendida pela doutrina que entende que existe norma habilitante para permitir um acesso a base de dados informáticos armazenados no estrangeiro, sem recurso a mecanismos de cooperação internacional, pelo facto de existir base legal expressa que o permita, entendemos que esse acesso possa ser inválido por violação dos princípios de direito internacional. No mesmo sentido, entendemos que existe a possibilidade de proibição de obtenção de prova e, consequentemente, da sua valoração, uma vez que o modelo de proibições de prova adotado pela Constituição da República Portuguesa, além de aplicável a quaisquer violações de índole subjetiva ou adjetiva que contendam com direitos fundamentais, assumem, também, um papel de destaque nas relações supraconstitucionais, nomeadamente nas relações entre os Estados, devendo, desta forma, serem aplicadas quando estejam em causa direitos com relevância constitucional[279].

Desta forma, entendemos que a única interpretação consentânea com a Constituição da República Portuguesa, do disposto no n.º 5 do artigo 15.º da Lei do Cibercrime, é a interpretação restritiva, indo, desta forma, ao encontro do espírito da Convenção sobre o Cibercrime, que restringe a busca e a apreensão de dados informático (sem recurso a mecanismos de cooperação internacional) ao território nacional.

[279] *Ibidem*, pp. 2715-2716.

CONCLUSÃO

Chegado o momento de conclusão da presente dissertação, começámos por apresentar os conceitos de DLT e *blockchain*, afastando, assim, a forma indistinta como alguma literatura os aborda. De facto, para o leitor menos atento, a utilização destes conceitos de forma indistinta pode gerar uma má compreensão dos mesmos que, consequentemente, no plano criminal pode relevar sobre o rumo que determinada investigação deve seguir. Como deixámos claro, uma DLT é uma estrutura de dados distribuídos que permite a um *node* numa rede, partilhar e gravar informação num registo sincronizado, em diferentes locais aos mesmo tempo. Os dados são validados e mantidos pelos múltiplos participantes dentro da estrutura (após chegarem a um consenso sobre a validade dos registos), ao invés de uma única entidade, como acontece nos sistemas de registo tradicionais, onde os dados são centralizados. Uma *blockchain* é apenas um exemplo de um tipo de DLT onde os dados podem ser armazenados num formato específico, mais concretamente, em blocos.

Seguidamente, efetuámos uma extensa categorização da *blockchain*, analisámos os componentes que entendemos serem os mais adequados para o efeito, nomeadamente, os mecanismos de consenso, a capacidade de transação, a segurança e a privacidade e o modelo de permissão, decidimos utilizar esta taxonomia, apesar de existirem outras, uma vez que estes componentes são de extrema relevância, não só para efeitos de categorização, como também em sede de imputação. Tentámos, com esta categorização, demonstrar onde é possível localizar informação relevante que, certamente, tem a possibilidade de imputar determinados factos a um arguido.

Delimitámos o conceito de criptoativo seguindo a definição apresentada pelo MiCAR, ou seja, "*uma representação digital de um valor ou de um direito que pode ser transferida e armazenada eletronicamente, recorrendo à tecnologia de registo distribuído ou a outra tecnologia semelhante*". Quanto à sua tipologia, e apesar de alguma literatura apresentar uma divisão quadripartida dos mesmos, nomeadamente, "criptomoedas", *tokens* de utilização, *tokens* de investimento e *tokens* híbridos, entendemos adotar uma divisão em cinco partes, mais concretamente, *tokens* monetários (também conhecidos como *exchange tokens* ou *payment tokens*), *tokens* de utilização (ou *usage tokens*), *tokens* de investimento (ou *security tokens*), *tokens* híbridos e *non-fungible tokens* (NFT's).

Afastámos qualquer associação ao conceito de moeda em sentido jurídico. De facto, o baixo volume de transações não nos permite observar que sejam um meio de pagamento universalmente aceite, a sua pouca liquidez e significativa volatilidade não os permitem funcionar como unidade de conta e reserva de valor, não assumindo assim, em pleno, as funções monetárias. Mesmo no caso específico das *stablecoins*, estamos ainda no plano do curso convencional, não tendo estes *tokens* curso legal, ou seja, e nas palavras de JOSÉ ENGRÁCIA ANTUNES "*não constituem um meio de cumprimento de obrigações pecuniárias dotado de aceitação obrigatória e poder liberatório*"

Neste sentido, não existe na nossa Ordem Jurídica, qualquer norma que atribua aos criptoativos o estatuto de moeda fiduciária ou estatuto jurídico de moeda· Contudo, afirmámos que alguns criptoativos podem assumir as funções de moeda em sentido económico, a Doutrina nacional foca-se, maioritariamente, na análise dos *unbacked cryptoassets* (*bitcoin*,*ether*,*ripple*,etc.) deixando de fora as *stablecoins*. Como deixámos claro, estas podem assumir as tradicionais funções monetárias, não tendo, no entanto, curso legal.

Analisámos a forma de transação de criptoativos, assim, para "enviar e receber" *tokens*, num sistema *blockchain* é necessário adquirir um *software*, tipicamente designado de carteira virtual (*wallet*), que o permita. O modo de funcionamento das carteiras virtuais pode influenciar o método investigativo que deve ser utilizado para o caso em concreto. Assim, no caso de um agente criminoso utilizar uma *non-custodial wallet*, ou seja, nos casos em que as chaves privadas são geridas apenas pelo seu titular, o acesso aos criptoativos através das chaves privadas pode ser feito localmente no computador do agente criminoso, no entanto, se estivermos perante uma *custodial wallet*, em que uma entidade terceira é responsável por armazenar as chaves privadas do utilizador, as chaves privadas estarão armazenadas *online*, podendo, em alguns casos, encontrarem-se noutra jurisdição.

Abordámos os perigos associados aos criptoativos e às suas plataformas. Nesta senda, os prestadores de serviços de criptoativos providenciam a liquidez necessária ao mercado dos criptoativos, funcionando como porta de entrada para troca entre criptoativos e moeda fiduciária e vice-versa. Assim, estes prestadores de serviços surgem como uma figura de destaque na prevenção e controlo do branqueamento de capitais. Analisámos a legislação mais relevante neste contexto, nomeadamente, a Diretiva (UE) 2018/843 (AMLD5) que altera a Diretiva (UE) 2015/849 (AMLD4) que veio incluir as definições de moeda virtual e de prestador de serviços de custódia de carteiras. Contudo, esta Diretiva encontra-se desfasada das Recomendações do GAFI. Com efeito, o conceito de moedas virtuais parece deixar de fora criptoativos que não assumam funções monetárias, apenas fazendo referências a criptoativos que sejam aceites como meio de troca. Mais, a AMLD5 exclui do seu âmbito de aplicação as plataformas de câmbio entre moedas virtuais (*crypto-to-crypto exchanges*), como também os chamados prestadores serviços de mistura (*mixers/tumblers*) que, muitas vezes, são utilizados para dissimular a origem de vantagens obtidas ilicitamente.

No caso português, a Lei n.º 58/2020, de 31 de agosto, transpôs para ordem jurídica interna as alterações previstas pela revisão levada a cabo pela Diretiva (UE) 2018/843 à Diretiva (UE) 2015/849, alterando a Lei n.º 83/2017, de 18 de agosto, que estabelece medidas de natureza preventiva e repressiva de combate ao branqueamento de capitais e ao financiamento do terrorismo. Contrariamente à AMLD 5, e uma vez que Portugal é membro do GAFI encontrando-se vinculado ao cumprimento das Recomendações, devendo implementá-las no seu ordenamento jurídico e garantir o seu cumprimento, foi além do disposto nas alterações introduzidas pela AMLD5, cumprimento às Recomendações do GAFI.

Por fim, fizemos um enquadramento sobre os meios de obtenção de prova previstos na Lei do Cibercrime, bem como a forma de deteção e apreensão de criptoativos. Neste capítulo demonstrámos como é possível a obtenção de prova no nosso ordenamento jurídico o que, após conhecimento do funcionamento do protocolo e da forma de deteção e apreensão de criptoativos, esperamos que seja mais intuitivo para um leitor menos conhecedor do tema. Finalizando com a questão controversa do acesso, de forma unilateral e sem recurso a mecanismos de cooperação judiciária internacional, a dados armazenados em sistemas informáticos localizados no estrangeiro previsto no n.º 5 do artigo 15.º da Lei do Cibercrime o que, no nosso entendimento, a única interpretação consentânea com a Constituição da República Portuguesa, do disposto nessa norma, é a interpretação restritiva, que vai ao encontro do espírito da Convenção sobre o Crime, restringindo a busca e a apreensão de dados informático (sem recurso a mecanismos de cooperação internacional) ao território nacional.

Neste contexto, e reiterando a resposta à questão proposta inicialmente, isto é, de saber se o quadro legal do ordenamento jurídico português permite responder aos desafios impostos por estes ativos, entendemos que Portugal dispõe de todos os mecanismos necessários para combater este fenómeno, sendo que, talvez, a única necessidade de adaptação se prenda com a necessidade de formação das autoridades para entender o fenómeno e, posteriormente, aplicar os mecanismos necessários para o combater. Assim, urge que os atores da justiça se saibam adaptar à cibercriminalidade, restabelecendo, desta forma, confiança nas tecnologias da informação.

BIBLIOGRAFIA

ALESSANDRIN, Adam, *"RANSOMWARE Hostage Rescue Manual"*, 2016.

ANCEAUME, Emmanuelle, POZZO, Antonella, RIEUTORD, Thibault, TUCCI-PIERGIOVANNI, Sara *"On Finality in Blockchains"*, 2021.

ANDRADE, Manuel da Costa, "Sobre as Proibições de Prova em Processo Penal", 2006.

ANTUNES, José Engrácia, "A Moeda: estatuto jurídico e económico", 2021.

ANTUNES, José Engrácia, "As Criptomoedas", in: 81 Revista da Ordem dos Advogados, 2021.

ANTUNES, Mário, RODRIGUES, Baltazar, "Introdução à Cibersegurança", 2018.

ASCENSÃO, José de Oliveira, *"Branqueamento de capitais reação criminal"*, 1999.

ASCENSÃO, José de Oliveira, "Criminalidade informática" *in* Direito da Sociedade da Informação, II, 2001.

Banco de Portugal, "Occasional Paper on Crypto-Assets", 2020.

BIS Working Papers No 924, "Distributed ledgers and the governance of money", 2021.

BIS Working Papers No 976, *"CBDCs: motives, economic implications and the research Frontier"*, 2022.

BOSI, Filippo, CAPPELLETTI, Michele, RAVAGLI, Guido, MANZONI, Lorenzo, MONTI, Stefano, PAGLIARA, Emanuele,

"Warm Wallets: A Safer Design to Achieve Business Automation for Blockchain Based Services" in INTERNET 2018: The Tenth International Conference on Evolving Internet, 2018.

BRAGUÊS, José Luís, "*O Processo de Branqueamento de Capitais*", in *Working Papers* 02, Observatório de Economia e Gestão de Fraude, 2009.

BRITO, João Rodrigues, "*Da sujeição dos Virtual Asset Service Providers ao Cumprimento de Deveres de Prevenção do Branqueamento de Capitais*", in Novos Desafios da Prova Penal, 2020.

BRUCE, Kara, ODINET, Christopher K., TOSATO, Andrea "*The Private Law of Stablecoins*", in Arizona State Law Journal, 2022.

CANAS, Vitalino, *"O crime de branqueamento: Regime de prevenção e de repressão"*, 2004.

CAMPBELL-VERDUYN, Malcolm "*Bitcoin, crypto-coins, and global anti-money laundering governance*", 2018.

CARDOSO, Rui, "*Apreensão de correio electrónico e registos de comunicações de natureza semelhante – artigo 17.º da Lei n.º 109/2009, de 15.IX*", in Revista do Ministério Público 153: Janeiro: Março 2018.

CASTILHO, Diogo Peres *"Etherspace: Practical Proof-of-Space for Blockchains"* [Dissertação de Mestrado, Instituto Superior Técnico, Universidade de Lisboa], 2019.

CASTRO, Miguel, LISKOV, Barbara, *"Practical Byzantine Fault Tolerance"*, 1999.

CATARINO, Luís Guilherme, *"Ofertas Públicas de Criptomoedas: Fintech, Tokens, Smart Contracts, Blockchain, And All That Jazz..."*, in Revista de Concorrência e Regulação, No 40, 2019.

Centro Nacional de Cibersegurança, "O Relatório em 15 minutos: Cibersegurança em Portugal", 2022.

CHAINALYSIS, "*The 2022 Crypto Crime Report: Original data and research into cryptocurrency-based crime*", 2022.

Chartered Professional Accountants of Canada, *"Transacting in Crypto-assets: Management Considerations and Controls for Small and Medium-sized Enterprises"*, 2019.

CHAUM, David, *"Blind Signatures for Untraceable Payments."* In: Chaum, D., Rivest, R.L., Sherman, A.T. (eds) Advances in Cryptology. Springer, Boston, MA, 1983.

CHAVES, Ricardo, SOUSA, Leonel, SKLAVOS, Nicolas, FOURNARIS, Apostolos P., KALOGERIDOU, Georgina, KITSOS, Paris, SHEIKH, Farhana, *"Secure Hashing: SHA-1, SHA-2, and SHA-3"* in *Circuits and Systems for Security and Privacy*, 2016.

Congressional Research Service, *"Non-Fungible Tokens (NFTs)"*, 2022.

Congressional Research Service, *"Ransomware and Federal Law: Cybercrime and Cybersecurity"*, 2021.

CORREIA, Francisco Mendes, "Moeda Bancária e Cumprimento – O cumprimento das obrigações pecuniárias através de serviços de pagamento", 2018.

CORREIA, Francisco Mendes, *A tecnologia descentralizada de registo de dados (Blockchain) no sector financeiro*, em "Fintech: Desafios da Tecnologia Financeira", Almedina, 2019.

CURTIN, Matt "BRUTE FORCE, Cracking the Data Encryption Standard", 2005.

DELGADO-SEGURA, Sergi, PÉREZ-SOLÀ, Cristina, NAVARRO-ARRIBAS, Guillermo, HERRERA-JOANCOMARTÍ, Jordi, *"Analysis of the Bitcoin UTXO set"* Department of Information Engineering and Communications, Universitat Autònoma de Barcelona, 2017.

DEL MONTE, Gianmaria, PENNINO, Diego, PIZZONIA, Maurizio, *"Scaling Blockchains Without Giving up Decentralization and Security: A Solution to the Blockchain Scalability Trilemma"*, 2020.

Department of Justice, *"The Report of the Attorney General Pursuant to Section 8(b)(iv) of Executive Order 14067: How to Strengthen International Law Enforcement Cooperation for Detecting, Investigating, and Prosecuting Criminal Activity Related to Digital Assets"*, 2022.

Department of the Treasury, *"Updated Advisory on Potential Sanctions Risks for Facilitating Ransomware Payments"*, 2021.

DIAS, Figueiredo, *"Direito Penal, Parte Geral, Tomo I"*, 3.ª ed., 2019.

DIAS, Figueiredo, *"Comentário Conimbricense do Código Penal – Tomo III"*, 2001.

DIB, Omar, BROUSMICHE, Kei-Leo, DURAND, Antoine, THEA, Eric, HAMIDA, Elyes Ben, *"Consortium Blockchains: Overview, Applications and Challenges"* in International Journal on Advances in Telecommunications, vol 11 no 1 & 2, 2018.

DRISCOLL, Kevin, HALL, Brendan, SIVENCRONA, Håkan, ZUMSTEG, Phil *"Byzantine Fault Tolerance, from Theory to Reality"*, 2003; CASTRO, Miguel, LISKOV, Barbara *"Practical Byzantine Fault Tolerance"*, 1999.

DUARTE, Paulo, *"Obrigações de Dinheiro (Obrigações Monetárias) e Obrigações de Bitcoins"* in Estudos de Direito do Consumidor, 2018.

DUARTE, Diogo Guerreiro, *"An introduction to blockchain technology from a legal perspective and its tensions with the GDPR"*, em Revista científica sobre *Cyberlaw* do Centro de Investigação Jurídica do Ciberespaço – CIJIC – da Faculdade de Direito da Universidade de Lisboa, edição n.º VIII – setembro de 2019.

EBA, "Report with advice for the European Commission on crypto-assets", January 2019.

ECB Occasional Paper 172, *"Distributed ledger technologies in securities post-trading"*, 2016.

ECB CRYPTO-ASSETS TASK FORCE, "Crypto-Assets: Implications for financial stability, monetary policy, and payments and market infrastructures", *ECB Occasional Paper No. 223*, May 2019.

Elliptic "Preventing *Financial Crime in Cryptoassets"*, 2022.

ESMA, *"ADVICE Initial Coin Offerings and Crypto-Assets"*, 2019.

European Parliament, Directorate General for Internal Policies, *"Virtual currencies and terrorist financing: assessing the risks and evaluating responses"*, 2018.

FOLEY, Sean, KARLSEN, Jonathan R., PUTNINS, Talis J., *"Sex, Drugs, and Bitcoin: How Much Illegal Activity Is Financed through Cryptocurrencies?"*, 2019.

FATF, *"Virtual Currencies Key Definitions and Potential AML/CFT Risks"*, 2014.

FATF, *"International Standards on Combating Money Laundering and the Financing ff Terrorism & Proliferation the Fatf Recommendations Adopted by the Fatf Plenary in February 2012"*, 2022.

FARINHA, Michaela, *"Crime de Branqueamento a questão do Dolo Eventual. A relevância da teoria da cegueira deliberada"*, in *Revista Portuguesa de Ciência Criminal (RPCC)*, Ano 27, n.º 2, 2017.

FIDALGO, Sónia, "*A Recolha de Prova em Suporte Electrónico — Em Particular, a Apreensão de Correio Electrónico*", in JULGAR – N.º 38 – 2019.

FSB, "*Crypto-assets: work underway, regulatory approaches and potential gaps*", May 2019.

GAFILAT, "Guide on Relevant Aspects and Appropriate Steps for the Investigation, Identification, Seizure, and Confiscation of Virtual Assets", 2021.

GAMA, António, LATAS, António, CONDE CORREIA, João, MOURAZ LOPES, José, LEMOS TRIUNFANTE, Luís de, SILVA DIAS, Maria do Carmo, DÁ MESQUITA, Paulo, SOARES DE ALBERGARIA, Pedro, CAIADO MILHEIRO, Tiago, "*Comentário Judiciário do Código de Processo Penal – Tomo II – 124.º a 190.º*", 3ª Ed., 2021.

GERALDES, Luís Roquette, SOLÁ DE ALBUQUERQUE, Mariana, LIMA DA SILVA, João, "*ICOs: security tokens vs utility tokens*" in, AAVV, "*FinTech II – Novos Estudos sobre Tecnologia Financeira*", 2019.

GHIRARDI, Maria do Carmo Garcez, "*Criptomoedas*", 2020.

GODINHO, Jorge Alexandre Fernandes, "*Do Crime de «Branqueamento» de Capitais, Introdução e Tipicidade*", 2001, p. 13.; Definição de PINHEIRO, *op. cit.*, 2002.

GOLDWASSER, Shafi, MICALI, Silvio, RACKOFH, Charles, "The Knowledge Complexity of Interactive Proof Systems" in *Society for Industrial and Applied Mathematics*, Vol. 18. No. 1, 1989.

GÖSSEL, Karl-Heinz, "As Proibições de Prova no Direito Processual Penal da República Federal da Alemanha", in Revista Portuguesa de Ciência Criminal, Ano 2-3, julho-setembro, 1992.

GÓRJON, Sergio "The Role of Cryptoassets ss Legal Tender: The Example of El Salvador", in Analytical Articles, Economic Bulletin, Banco de España, 2021.

HAFFKE, L., FROMBERGER, M. & ZIMMERMANN, P., "*Cryptocurrencies and anti-money laundering: the shortcomings of the fifth AML Directive (EU) and how to address them*", *in* Journal of Banking Regulation 21 (2), 2020.

HALLER, Neil, "*The S/KEY one-time password system.*" In: RFC 1760, February 1995.

Home Office *"Cyber crime: A review of the evidence"*, 2013.

Hyperledger Foundation, *"An Overview of Hyperledger Foundation"*, 2021.

International Monetary Fund, FINTECH NOTE, "*Blockchain Consensus Mechanisms: A Primer for Supervisors*", 2022.

International Monetary Fund, FINTECH NOTE, *"Regulating the Crypto Ecosystem: The Case of Unbacked Crypto Assets"*, 2022.

iPROCEEDS, "*Training Course for Judges and Prosecutors: Advanced Course on the Search, Seizure and Confiscation of Online Crime Proceeds*", 2017.

Institute for Security and Technology, "*Combating Ransomware*", 2021.

JOKIĆ, Stevo, CVETKOVIĆ, Aleksandar Sandro, ADAMOVIĆ, Saša, RISTIĆ, Nenad, SPALEVIĆ, Petar, "*Comparative Analysis of Cryptocurrency Wallets Vs Traditional Wallets*", in EKOHOMИKA Vol. 65, july-september 2019.

KAPPOS, George, YOUSAF, Haaroon, STÜTZ, Rainer, ROLLET, Sofia, HASLHOFER, Bernhard, MEIKLEJOHN, Sarah *"How to Peel a Million: Validating and Expanding Bitcoin Clusters"*, 2022.

KØIEN, Geir M. "*A Brief Survey of Nonces and Nonce Usage*" in SECURWARE 2015: The Ninth International Conference on Emerging Security Information, Systems and Technologies, 2015.

LAMPORT, Leslie, *"Password Authentication with Insecure Communication"*, In: Communications of the ACM, 1981.

LONGCHAMP, Yves, DESHPANDE, Saurabh, MEHRA, Ujjwal, *"A Beginner's Guide to Blockchain Accounting Standards*, 2020.

LYONS, Richard K., VISWANATH-NATRAJ, Ganesh, *"What Keeps Stablecoins Stable?"*, 2019.

MESQUITA, Paulo Dá, "*Processo Penal, Prova e Sistema Judiciário*", 2010.

MISHKIN, Frederic A., SERLETIS, Apostolos, "*The Economics of Money, Banking and Financial Markets*", 2011.

NAKAMOTO, Satoshi, "*Bitcoin: A Peer-to-Peer Electronic Cash System*", 2008.

NGUYEN, Cong t., HOANG, Dinh Thai, NGUYEN, Diep N., NIYATO, Dusit, NGUYEN, Huynh Tuong, DUTKIEWICZ,

Eryk, *"Proof-of-Stake Consensus Mechanisms for Future Blockchain Networks: Fundamentals, Applications and Opportunities"*, 2019.

NITULESCU, Anca, *"zk-SNARKs: A Gentle Introduction"*, 2020.

NUNES, Duarte Rodrigues, *"Os Meios de Obtenção de Prova Previstos na Lei do Cibercrime"*, 2018.

NUNES, Duarte Rodrigues, *"O Fenómeno do Ransomware e o seu Enquadramento Jurídico-Penal"*, em Revista Científica sobre Cyberlaw do Centro de Investigação Jurídica do Ciberespaço – CIJIC – da Faculdade De Direito da Universidade de Lisboa, Edição n.º VIII, 2019.

NUNES, Duarte Rodrigues, "Os crimes previstos na Lei do Cibercrime", 2020.

Organization for Security and Co-Operation in Europe, *"Handbook for dealing with virtual currencies in criminal proceedings"*, 2022.

PEREIRA, Rui Soares, *"O acesso a dados armazenados em sistemas informáticos localizados no estrangeiro"*, in Homenagem ao Professor Doutor Germano Marques da Silva, 2020.

PENARD, Wouter, VAN WERKHOVEN, Tim, *"On the Secure Hash Algorithm family"*, 2016.

PINHEIRO, Luís Goes, "O branqueamento de capitais e a globalização (Facilidades na reciclagem, obstáculos à repressão e algumas propostas de política criminal)" in *Revista Portuguesa de Ciência Criminal (RPCC)*, Ano 12, n.º 4, 2002.

PINTO DE ALBUQUERQUE, Paulo, "Comentário do Código Penal – À luz da Constituição da República e da Convenção Europeia dos Direitos Humanos", 5ª. Ed., 2022.

Procuradoria-Geral da República – Gabinete Cibercrime, "Nota Prática n.º 1/2012", 2012.

Prof. Dr. HOUBEN, R., Snyers, A., *"Crypto-assets – Key developments, regulatory concerns and responses"*, Study for the Committee on Economic and Monetary Affairs, Policy Department for Economic, Scientific and Quality of Life Policies, European Parliament, Luxembourg, 2020.

RAMALHO, David Silva, *"Métodos Ocultos de Investigação Criminal em Ambiente Digital"*, 2017.

RAMALHO, David Silva, IGREJAS MATOS, Nuno, *"Branqueamento e Bitcoin: uma introdução"*, em Revista do Ministério Público 162: abril: junho 2020.

RODRIGUES, Benjamim da Silva, *"Da Prova Penal – Tomo IV, Da Prova Electrónico-Digital e da Criminalidade Informático-Digital"*, 2011.

ROLO, António Garcia, *"A proposta de Regulamento europeu sobre mercados de criptoativos: breve sumário e análise"*, em Revista de Direito das Sociedades, Número 2 – julho – dezembro, 2021.

ROLO, António Garcia, *"As Criptomoedas como Meio de Financiamento e a Qualificação dos Tokens de Investimento Emitidos em Oferta Pública de Moeda (ICO) como Valores Mobiliários"*, in, AAVV, *"FinTech II – Novos Estudos sobre Tecnologia Financeira"*, 2019.

ROLO, António Garcia "Challenges in the Legal Qualification of Decentralised Autonomous Organisations (DAOs): The Rise of the Crypto-Partnership?" in Revista de Direito e Tecnologia, Vol 1 (2019), no. 1, 33-87, Centro de Investigação de Direito Privado (CIDP) Research Paper No. 11.

RAMOS, Vânia Costa, "Introdução aos problemas da obtenção de prova em contexto transnacional e à proposta da instituição de uma decisão europeia de investigação", in Maria Fernanda Palma/Augusto Silva Dias/Paulo de Sousa Mendes/Carlota Almeida, Direito da Investigação Criminal e da Prova, Coimbra: Almedina, 2014.

SAMS, Robert, *"A Note on Cryptocurrency Stabilisation: Seigniorage Shares"*, BRAVE NEW COIN 1, 2015.

SATULA, Benja, *"Branqueamento de Capitais"*, 2010.

Sistema de Segurança Interna, *"Relatório Anual de Segurança Interna"*, 2021.

TASCA, Paolo, TESSONE, Claudio J. *"A Taxonomy of Blockchain Technologies: Principles of Identification and Classification"*, in LEDGER VOL 4 1-39, 2019.

TERKPER, Justice Nueteh, HAYFRON-ACQUAH, James Ben, TWUM, Frimpong, *"An Efficient and Secure One Way Cryptographic Hash Function with Digest Length of 1024 Bits"*, in International Journal of Computer Science and Information Security (IJCSIS), Vol. 15, No. 2, February 2017.

The European Union Blockchain Observatory & Forum, *"Demystifying Non- Fungible Tokens (NFTs)"*, 2021.

United Nations Office for Drug Control and Crime Prevention, *"Financial Heavens, Banking Secrecy and Money Launderinf"*, 1998.

United Nations Office for Drug Control and Crime Prevention, *"Basic Manual on Detection and Investigating of the Laundering of Crime Proceeds using Virtual Currencies"*, 2014.

VERDELHO, Pedro, "Cibercrime", in Direito da Sociedade da Informação, IV, 2003.

VERDELHO, Pedro, "A nova Lei do Cibercrime", in Scientia Ivridica, Tomo LVIII, N.º 320, Outubro – Dezembro 2009.

VENÂNCIO, Pedro Dias, "Lei do cibercrime: anotada e comentada", 2011.

VIEIRA DOS SANTOS, João, *"Regulação de Formas de Financiamento Empresarial Fintech: Em especial o crowdfunding e as initial coin offerings"*, 2022.

YAGA, Dylan, MELL, Peter, ROBY, Nik, SCARFONE, Karen, *"Blockchain Technology Overview"*, 2018.

ZHAI, Sheping, YANG, Yuanyuan, LI, Jing, QIU, Cheng, ZHAO, Jiangming, *"Research on the Application of Cryptography on the Blockchain"*, 2019.

Jurisprudência:

Acórdão do Supremo Tribunal de Justiça de 5 de novembro de 2014, processo n.º 14/07.0TRLSB, relator: Raul Borges.

Case 3:19-cv-04281, UNITED STATES OF AMERICA v. BTC-e, a/k/a CANTON BUSINESS CORP., and ALEXANDER VINNIK.

Case 1:20-cv-02396, United States of America v. 280 Virtual Currency Accounts, 2020.